Augustin-Eugène Scribe, geboren am 24. Dezember 1791 in Paris, ist dort am 20. Februar 1861 gestorben.

»Viertelstundengattungen« nannte der Kritiker und spätere Burgtheaterleiter Heinrich Laube die französischen Vaudevilles, die im 19. Jahrhundert von Madrid bis Moskau, von Kopenhagen bis Neapel für die Unterhaltung des Bürgertums und das Prosperieren der Theater sorgten.

Eugène Scribe, der konkurrenzlose Meister dieser Gattung, brachte es denn auch – mit einem Stab von Mitarbeitern – auf knapp 400 Stücke und zum Millionär. Einer der meistgespielten und meistkritisierten Dichter seiner Zeit, Mehrspartenschreiber in jedem Sinn, setzte er nicht nur die Tantième für dramatische Autoren durch, sondern entwickelte auch seinen eigenen »style économique«, eine szenische Sprache, der novellistische Aufklärungen und programmatische Monologe fremd sind.

Es ist kein Zufall, daß Sören Kierkegaard an den wendigen Situationen, den flüchtigen Figurenskizzen und kurzatmigen Dialogen Gefallen fand und einen beispielhaften dramaturgischen Essay über »Die erste Liebe« schrieb. Dieses 1825 uraufgeführte, in ganz Europa nachgespielte Stück hielt er für »so vollendet, daß es allein schon Scribe unsterblich machen müßte«. Und der sonst weniger geneigte Heinrich Heine konzedierte »ein gewisses Filigrantalent der Verknüpfung allerliebster Kleinigkeiten«. So behauptete Scribe abseits der Romantik eine Heiterkeit, Frische und freimütige Lust auf die Güter des Lebens, was zwar nicht als Empfehlung für eine poetische Existenz galt, aber die Forderung des Tages um so gebührender feierte.

insel taschenbuch 1396
Eugène Scribe
Die erste Liebe

*Frontispiz von Blanchard und Johannot
zu* Les premières amours, *Szene VIII aus der 1884
erschienenen Werkausgabe von Scribe.*

EUGÈNE SCRIBE
DIE ERSTE LIEBE

oder Erinnerungen an die Kindheit

Aus dem Französischen übertragen und
mit einem Nachwort
versehen von Reinhard Palm
Mit einem Essay von Sören Kierkegaard
und zahlreichen Abbildungen

Insel Verlag

insel taschenbuch 1396
Erste Auflage 1991
Originalausgabe
© Insel Verlag Frankfurt am Main und Leipzig 1991
Alle Rechte vorbehalten
Hinweise zu dieser Ausgabe am Schluß des Bandes
Vertrieb durch den Suhrkamp Taschenbuch Verlag
Umschlag nach Entwürfen von Willy Fleckhaus
Satz: Fotosatz Otto Gutfreund, Darmstadt
Druck: Nomos Verlagsgesellschaft, Baden-Baden
Printed in Germany

1 2 3 4 5 6 – 96 95 94 93 92 91

INHALT

Eugène Scribe
Die erste Liebe oder Erinnerungen
an die Kindheit

9

Sören Kierkegaard
Die erste Liebe
Lustspiel in einem Akt

55

Reinhard Palm
Das Glück beim Geldverdienen
Eugène Scribe und das Theater

129

Anhang

Werkchronik von Eugène Scribe

161

Literaturhinweise

186

Zu dieser Ausgabe

187

EUGÈNE SCRIBE
DIE ERSTE LIEBE

*oder
Erinnerungen an die Kindheit
1825*

Personen

DERVIÈRE
EMMELINE, seine Tochter
CHARLES, ihr Cousin
RINVILLE
LAPIERRE, Bedienter bei Dervière

Das alles passiert in der Franche-Comté, im Dervièreschen Hause. Die Bühne stellt einen Wohnraum dar, mit einer Tür in jeder Wand.

1. *Emmeline, Dervière*

DERVIÈRE: So gib doch Antwort; was hast du? Bist du gekränkt? Warum seit gestern diese schlechte Laune?

EMMELINE: Weiß nicht, Papa... zu nichts hab ich Lust, alles ist mir zuwider.

DERVIÈRE: Das war noch nie... alles hier dreht sich um dich, und ich am schnellsten.

EMMELINE: Wie gut du bist! Du liebst mich so!

DERVIÈRE: Zu sehr... Aber wenn man Witwer ist wie ich und zu den ersten Hüttenmeistern der Umgebung zählt, mit 50000 Zinsen und einer einzigen Tochter; was soll man da mit seinem Reichtum tun? Überlege doch, zu lieben habe ich auf der ganzen Welt nur dich.

Arie

Es wär mein Wunsch, die größte Freude,
Dich immer nah bei mir zu sehen,
Daß all mein Geld ich nur für dich vergeude
Und meines Fleißes Früchte nie vergehen,
Ja mehr noch, daß ich sie verdopple,
Indem ich einen Mann dir gib,
An dessen Schatz ich meinen kopple,
So hat ein Vater seine Tochter lieb.

Schon über zwanzig Partien habe ich dir jetzt vorgeschlagen; aber heute verstehe ich keinen Spaß mehr: den, auf den wir warten, wirst du nehmen. Sei so gut.

EMMELINE: Was! Diesen Herrn von Rinville, über den du gestern mit mir sprachst? Also gut, Papa, wenn du die Wahrheit wissen willst: Das ist der einzige Grund meines Kummers und meiner schlechten Laune. Ich sehe nicht ein, warum es ausgerechnet der sein soll und nicht ein anderer.

DERVIÈRE: Die anderen willst du ja nicht.

EMMELINE: Das ist kein Grund.

DERVIÈRE: Doch, Mademoiselle, und was für einer; und wenn du noch Triftigeres willst, bitte: vor dreißig Jahren kam ich in diese Gegend. Mit nichts. Ich war ohne Freunde, ohne Mittel. Der einzige war der alte Rinville, der mir entgegenkam und mich gar protegierte. Er schoß mir Gelder vor und wurde so die prima causa meines Reichtums.

Arie

Ich möchte, was ich ihm schulde,
Bei seinem Sohn begleichen;
Und um das besser zu erreichen,
Zähle ich, mein Kind, auf dich.
Ich sag mir: Meine Familie verdankt
Seinem Darlehn ihr gutes Geschick,
Und durch meine Tochter erlangt
Er mehr, als er mir gab, zurück.

Außerdem – so erzählt man – ist Rinville-Sohn ein charmanter junger Mann. Und vernünftig dazu. Ein Philosoph, der Reisen machte, um sich zu bilden, und der jetzt heimkommt, um zu heiraten. Aus diesen Gründen nahm ich – bitteschön – den Antrag dieses jungen Mannes an. Was hast du diesmal einzuwenden?

EMMELINE: Nichts. Nach dem, was ich erfahre, würde ich ihn mit Vergnügen heiraten. Wenn das ginge. Aber ich schulde es mir selbst, ihn abzulehnen.

DERVIÈRE: Du schuldest es dir selbst? Was zwingt dich dazu?

EMMELINE: Heilige Eide, frühere Schwüre.

DERVIÈRE: Krawall in meinen Ohren. Wie, Kindchen, ohne meine Erlaubnis?

EMMELINE: Gar nicht, Papa! Niemals ohne deine Erlaubnis. Und wenn du mir versprichst, mich nicht zu schimpfen und mir meine Neigungen zu lassen, erzähle ich dir alles.

DERVIÈRE: Wer hätte das gedacht! Neigungen! Ein Mädchen, sechzehn Jahre!, das nie von meiner Seite wich und kaum wen zu Gesicht bekommt. Rasch, Mademoiselle, ich bin gespannt.

EMMELINE: Du weißt ja, daß ich hier bei dir aufgewachsen bin und Tante Judith mich erzog.

DERVIÈRE: Meine selige Schwägerin; eine anständige, vortreffliche alte Jungfer, die nur einen Makel hatte, und zwar: einen Roman täglich zu verschlingen, egal wie dick er war.

EMMELINE: Da drinnen habe ich bei ihr lesen gelernt. Mein Cousin Charles, ein mittelloses Waisenkind, das du zu dir genommen hattest, war mein einziger (und vertraulicher) Umgang.

DERVIÈRE: Ja und? Was dann?

EMMELINE: Ja und. Obzwar er älter war als ich, verbrachten wir den ganzen Tag mitsammen. Kein Augenblick, in dem wir uns nicht gesehen hätten. Wir machten die gleichen Aufgaben und spielten die gleichen Spiele. Ich nannte ihn meinen Bruder, er mich seine kleine Schwester; denn Tante Judith hatte uns »Paul und Virginie« vorgelesen, also war ich Virginie, und er war Paul. Und das führte dazu, daß wir uns unsterblich verliebten und einander ewige Treue schworen.

DERVIÈRE: Da läßt man Cousin und Cousine beisammen sein ... ich mit meinem dummen Glauben ... Und weiter Mademoiselle.

EMMELINE: Und weiter. Eines Tages hat er uns verlassen und ging als Handelsreisender ins Ausland. Aber bevor er ging, hat er zu mir gesagt: »Du bist reich, und ich hab gar nichts ... wahrscheinlich wird man dich mit irgendwem verheiraten, denn die Väter sind im allgemeinen ungerecht und tyrannisch, zumindest jene, von denen wir lasen.« Und um ihn zu beruhigen, versprach ich ihm, mich nicht vor seiner Rückkehr zu verheiraten ... er gab mir diesen Ring, ich gab ihm einen anderen ... und seither denke ich nur an ihn. Aber gesehen habe ich ihn nimmer.

DERVIÈRE: Nie mehr?

EMMELINE: Das weißt du. Er war nie da.

DERVIÈRE: Und brieflich habt ihr auch nicht verkehrt?

EMMELINE: Nie. Nur wenn der Mond schien, hatten

wir Kontakt. Zur festen Stunde schaute ich ihn an. Er ebenfalls. Das war so abgemacht.

DERVIÈRE: Das ist mit Sicherheit ein unschuldiger Verkehr.

Arie

EMMELINE: *Als im himmlichen Gewölbe der Stern,*
Der nächtliche Gefühlsstern blinkte,
Da sah ich, daß – egal wie fern –
Auch Charles ihn sah, und winkte.

DERVIÈRE: *Und sonst ist gar nichts zwischen euch?*

EMMELINE: *Was wäre stärker, was von größerer Gewalt?*
Die Liebe nur macht unser Leben reich,
Im Treueschwur leiht uns der Himmel Halt.

DERVIÈRE: Trotzdem. Der Schaden ist weniger groß als ich fürchtete. Denn schließlich ist dein Cousin schon eine ganze Weile weg. Und du erlaubst mir wohl die Bemerkung, daß eine solche Liebe Kinderei ist.

EMMELINE: Gerade darin irrst du dich. Du weißt nicht, Papa, daß die ersten Eindrücke unauslöschlich sind. Denn nur die erste Liebe ist die wahre Liebe, und im Leben liebt man nur einmal. Zumindest hat mir das Tante Judith oft genug gesagt. Und so empfinde ich es. Seit Charles weg ist, denke ich nur an ihn. Ihn allein liebe ich. Was mich alle Partien ausschlagen ließ, zu denen du mir geraten hast, ist vor allem das Versprechen, das ich ihm gab... und dann, sobald ein junger Mann mir den Hof machen will, sage ich mir: Welch himmelweiter Unterschied! Das ist nicht Charles! So ist er nicht!

DERVIÈRE: Da sieht man, wie es in den jungen Köpfen spukt! Jetzt hat ihre Phantasie aus Herrn Charles einen Romanhelden gemacht.
EMMELINE: Ohne deine Billigung, ohne dein Einverständnis werde ich ihn niemals sehen; aber wenigstens bis dahin zwing mich nicht, einen anderen zu heiraten ... weise diesen Rinville ab.
DERVIÈRE: Wo denkst du hin? Der Sohn eines alten Freundes! Du redest dich so leicht, wie du dich tust. Nein, nein, Mademoiselle. Heute, ein für allemal, wird Härte an den Tag gelegt. Ich gebe nicht nach.
EMMELINE: Und eben sagtest du, du wollest nur mein Glück.

Arie

Nie hat mir in deiner Nähe was gefehlt,
Alle deine Sorgen taten mir Gefallen,
Und mein Gatte, wäre ich vermählt,
Müßte ohne Schuld für seine Mängel zahlen.
DERVIÈRE: *Sein Herz soll wie aus einem Stück –*
Voll Güte, Sanftmut, Liebe – sein.
EMMELINE: *Wär er ein Engel! Dieses Glück,*
Das ich für ihn verließe, nein,
Er gäbe es mir nie zurück.

DERVIÈRE: Ja, ja. Du willst mich wieder einwickeln.
EMMELINE: Mein Gott, nein! Aber ich spüre deutlich, wie das auf meine Gesundheit geht.
DERVIÈRE: Was du nicht sagst.
EMMELINE: Seit gestern habe ich Migräne oder Fieber ... Genaueres weiß ich nicht; aber es tut ziemlich weh.

DERVIÈRE: Fieber! Schon möglich... und ich habe es verursacht.

EMMELINE: Ja, wahrscheinlich. Ich bin schon ganz verändert. Ich merke es. Es wird noch steigen, Tag für Tag. Und wenn du mich verloren hast, dann wirst du sagen: »Mein armes Kind! Meine arme Emmeline! Wo sie so lieb war!« Aber dann ist es zu spät.

DERVIÈRE: Herrgott! Was für ein Mißgeschick, nicht mehr als eine Tochter zu haben. Unmöglich, auch nur den leisesten Verdacht von Charakter zu zeigen. Emmeline, bitte, rede dir nicht ein, daß du krank bist. Ich werde diesem Mann schreiben. Ich schreibe ihm ja.

EMMELINE: Ach, lieber Papa, wie nett du bist. Erledigen wir das besser gleich.

DERVIÈRE *(setzt sich an den Tisch)*: Meine Güte! Schon wieder stimme ich gegen meinen Willen zu. Also, schreiben wir. Aber das ist doch unhöflich.

EMMELINE: Im Gegenteil, es ist die pure Redlichkeit. Wenn ich ihn ablehne, nachdem ich ihn gesehen habe, verletzt das seine Eigenliebe, und er hätte allen Grund, sich über uns zu beklagen. So aber, wenn man ihn abweist, noch bevor er überhaupt da ist, ist das – honett. Und ich bin sicher, er wird voll zufrieden sein.

DERVIÈRE *(abseits)*: Welch teuflische Schlüsse zieht sie da? *(Laut)* Das einzige Mittel, weißt du, Mädchen, ist offen mit ihm umzugehen. Ich schreibe ihm also die Wahrheit und nichts als sie. Aber glaube deshalb nicht, daß ich je deiner Heirat mit Charles zustimme.

EMMELINE: Wer redet denn davon, Papa... ich sage

gar nichts... ich bin nur ganz, ganz sicher, daß Charles mir treu geblieben ist... lange kann er mit seiner Heimkehr nicht mehr säumen... und dann werden wir sehen.

DERVIÈRE: Was werden wir sehen?

EMMELINE: Ich meine, du wirst sehen, ob er dir als Schwiegersohn paßt. Aber dein Brief ist fertig. *(Sie nimmt die Klingel.)* Man sollte ihn unverzüglich überbringen. *(Sie liest den Brief.)* Das ist wirklich gut geschrieben, Papa. *(Sie klingelt.)*

DERVIÈRE: Bist du jetzt zufrieden?

2. *Die Vorigen, Lapierre*

EMMELINE: Ich spüre schon eine Besserung... Lapierre, geschwind zu Pferd! Bring diesen Brief auf Schloß Rinville, aber in gestrecktem Galopp, und zurück das gleiche, du hast noch anderes zu tun. Und bestelle unten, daß wir für niemanden zu Hause sind.

LAPIERRE: Ich gehe meine Stiefel anziehen.

EMMELINE: Ja, mach. Beeile dich. *(Lapierre geht durch die rechte Tür ab.)*

DERVIÈRE: Und ich geh auf mein Zimmer.

EMMELINE: Ich komme mit. Deinen Arm, Papa. Ich lese dir was vor. Wir können auch eine Partie Pikett spielen. Oder hörst du mir lieber auf der Harfe zu? Du weißt schon, diese Romanze, die dir so gefällt.

DERVIÈRE: Wie aufmerksam und lieb du bist.

EMMELINE: Natürlich, wenn du mich zufrieden machst.

Arie

Welch Glückslos uns die Zukunft schickt,
Nie wurde jemand mehr als du gemocht.
DERVIÈRE: *Wie ich dich liebe, und doch pocht*
Es laut in mir: daß Affenliebe lügt.
EMMELINE: *Schon recht. Die guten Eltern brechen*
Dies Gesetz zu keinen Zeiten, nicht minder
Möchte ich es tun, und meine Kinder
Werden dich gewiß einst rächen.
BEIDE: *Welch Glückslos usw.*

3. Lapierre
kommt gestiefelt und gespornt aus dem rechten Kabinett,
den Brief in der Hand.

LAPIERRE: Gestreckter Galopp, hin und retour. Macht über fuffzehn Kilometer. Soll wohl ein Witz sein. Damit ich in den nächsten Auftrag hetze und zu keiner Rast komme. Aber sowas fragt sich unsere junge Herrin nicht. Kaum hat sie einen Einfall – krack, muß ich aufs Pferd. Zwar sonst ist es ganz gemütlich, und entschädigt wird man gut. Aber besser wäre es, die Entschädigung ohne den Schaden zu haben... Wer kommt denn da? Ein hübscher junger Mann, den ich gar nicht kenne.

4. Lapierre, Herr von Rinville

RINVILLE *(in der Kulisse)*: Ja, ja. In den Stall damit! Es dauert eine Weile... *(Zu Lapierre.)* Monsieur Dervière, Euer Herr?

LAPIERRE: Hat man Ihnen unten nichts gesagt?

RINVILLE: Doch, daß er hier oben ist.

LAPIERRE: Ach, verzeihen Sie bitte, daß man Sie nicht abgewiesen hat. Mein Fehler. Ich habe nicht Bescheid gegeben. Denn sehen Sie, Monsieur, ich werde Ihnen das erklären... Unser Herr ist wohl hier, aber Mademoiselle hat gesagt, man soll sagen, er sei es nicht. Und hier gehorcht man vorzugsweise Mademoiselle.

RINVILLE: Ja, richtig. Stimmt. Ich hörte schon von der Schwäche dieses guten Dervière für sein einziges Kind.

Arie

> *Wer wollte solchen Fehler tadeln,*
> *Er lächelt allen Herzen zu. Geboren*
> *Sein heißt: seinen Schöpfer adeln;*
> *Zum Sein ist harter Stein erkoren,*
> *Der Vater liebt das Kind, das er gezeugt.*
> *In ihren Werken lieben sich Autoren.*

(Er steckt Lapierre etwas Geld zu.) Vielleicht findet sich ein Mittel, deinen Herrn zu einer kurzen Unterredung zu gewinnen? Es stört mich nicht, inzwischen hier zu warten.

LAPIERRE *(das Geld abtastend)*: Kein Zweifel, Monsieur,

Sie sind selber sehr gewinnend. Ich werde meinen Kollegen mit der Sache betrauen. Denn ich, Sie sehen ja, bin in höchster Eile. Ich sollte längst im Sattel sitzen. Mit diesem Brief für Schloß Rinville.
RINVILLE: Rinville? Ich kehre noch heute zurück. Geht das an den Schloßherrn?
LAPIERRE: Genau.
RINVILLE: Das kann ich übernehmen.
LAPIERRE: Ehrlich, Sie sind ein ganzer Mann. Sie ersparen mir da einen Ritt, der mir wenig behagt... Als kleinen Gegendienst führe ich Ihren Auftrag persönlich aus und schicke Ihnen meinen Herrn, ohne daß das Fräulein mich bemerkt.

5. Rinville
allein, er liest

RINVILLE: »An Herrn von Rinville ...« Das muß für mich sein – und von Schwiegervaters Hand... denn wenn ich auch ihn selbst nie sah, seine Schrift ist mir bekannt... *(Er bricht den Brief.)* Aha, man erwartete mich erst später; aber die Ungeduld, meine Zukünftige zu sehen... bevor ich ihr vorgestellt würde, wollte ich vom Vater wissen, wie man seiner Tochter am besten gefällt... vielleicht ist das die Antwort. *(Liest leise.)* Zum Teufel mit dem Wissen, das ist zu früh für einen Bräutigam: sie liebt einen anderen... Hübscher Empfang! Und nach Deutschland schrieb mir Vater, ich solle schleunigst machen, denn die Frau, die mir not täte, warte schon, die Verständigkeit, die Unschuld in Person! Er hatte recht, bei so was muß man schnell sein. Nun ja, vergessen wir's. Eine Affäre weniger. Was soll's. Eigentlich muß es mir egal sein. Aber nein, zum Henker, ist es nicht. Die Mitgift, die Familie, die Nachbarschaft, alles paßte gut in dieser Verbindung. Noch dazu soll die Kleine hübsch sein und schon zwanzig Anträge abgelehnt haben. Im Innersten sagte ich mir ja: »Du bist es, der die Gleichgültigkeit brechen wird...« Ich war mir meiner Sache ziemlich sicher... brüstete mich gar vor Freunden damit... jetzt habe ich den Spott... ohne sie gesehen und sie meinem Rivalen abspenstig gemacht zu haben! *(Liest den Brief weiter.)* »Monsieur Charles, ein Cousin, den sie seit Kindesalter liebt...« Kindesalter! Das ist gut. Zumindest ist meine Frau anfällig für Treue. Solche Empfindlichkeiten muß man in die rechten Bahnen lenken. *(Liest)* »Den sie seit dem Kindesalter liebt und den sie seit sieben oder acht Jahren nicht mehr gesehen hat.« Das gibt es nicht. Und ich würde nie daran glauben, wenn ich nicht wüßte, was das ist: die Beharrlichkeit der frühen Jahre. Aber ja doch, die Idee! In sieben oder acht Jahren ändert sich so viel, selbst im Aussehen eines Cousins, der ich immerhin sein könnte. Ohne daß man etwas merkt. Und was riskiere ich? Daß man mir einen Korb gibt. Aber den hab ich so und so. Und nur um sie zu sehen und mich zu rächen, möchte ich das Abenteuer wagen. Da kommt wer. Das muß der Schwiegervater sein. Mit ihm beginne ich mein Spiel.

6. Rinville, Dervière

DERVIÈRE *(zu sich)*: Dieser Lapierre flüsterte mir zu, daß ein Fremder mich um eine geheime Unterredung bittet und... *(zu Rinville)* – Haben Sie nach mir gefragt, mein Herr?
RINVILLE: Jawohl.
DERVIÈRE: Was kann ich für Sie tun?
RINVILLE *(abseits)*: Courage! Jetzt muß ich mitreißend und rührend sein... *(laut)* So, Sie erinnern sich nicht an mein Gesicht? Sind acht Jahre so entstellend, daß selbst meine Familie mich nicht erkennt?
DERVIÈRE: Was sagen Sie?
RINVILLE: Was! Ist denn des Blutes Stimme nur ein Hirngespinst? Spricht Sie nicht zu Ihrem Herzen? Sagt sie Ihnen nicht, mein teurer Onkel...
DERVIÈRE: Himmel! Du wärst also...
RINVILLE *(wirft sich ihm in die Arme)*: Charles! Euer Neffe!
DERVIÈRE: Hol dich der Teufel.
RINVILLE: Was haben Sie denn?
DERVIÈRE: Nichts... die Überraschung... der Schock... Ich muß gestehen, ich hätte dich nicht erkannt... denn unter uns... vor acht Jahren sahst du nicht danach aus, noch je ein schöner Mann zu werden... im Gegenteil.
RINVILLE: Um so besser. Das muß Sie freuen, daß jemand sich noch zu seinem Vorteil ändert.
DERVIÈRE: Nein... mir wär's lieber, du hättest die andere Richtung beibehalten.
RINVILLE: Und weshalb?

DERVIÈRE: Schau, mein Junge, unter Verwandten soll man sich keinen Zwang antun. Ich werde offen mit dir reden. Ich habe dich zu mir genommen, ich habe dich erzogen ... ich gab dir 1000 Taler Unterhalt.
RINVILLE: Ja, mein Onkel.
DERVIÈRE: Nun gut. Ich erhöhe auf 6000 Franken – unter einer Bedingung: daß du gleich heute wieder abreist. Und daß wir uns für ein paar weitere Jahre nicht mehr das Vergnügen geben.
RINVILLE: Wie! Sie weisen mich ab? Sie setzen die Natur vor die Tür?
DERVIÈRE: Ja, mein Junge.

Arie

RINVILLE: *Einen Verwandten.*
DERVIÈRE: *Das ist nur genehm.*
RINVILLE: *Einen Neffen.*
DERVIÈRE: *Mir doch egal.*
RINVILLE: *So ein Empfang ist doch extrem.*
Um nicht zu sagen: patriarchal.
Komm ich als Freier, wirft man mich raus,
Als Verwandter – werd ich verjagt.
Mir scheint, in dieses Haus
Kommt nur, wer nicht verzagt.

Dürfte ich zumindest den Grund erfahren?
DERVIÈRE: Also gut, ich halte dich für einen Ehrenmann und werde dich in mein Vertrauen ziehen. Du bist mit meiner Tochter aufgewachsen, und sie hat von dir ein Andenken bewahrt, das meinen Projekten schadet und die teuersten Hoffnungen zunichte

macht. Denn ich wollte sie mit dem Sohn eines alten Freundes zusammenbringen, Herrn von Rinville, ein tüchtiger, ausgezeichneter junger Mann, der mir am Herzen liegt... nimm's mir nicht übel.

RINVILLE: Nein, nein, wenn es sein muß... *(abseits)* Toller Vater, mein Onkel.

DERVIÈRE: Ich wollte einen Vorwand erfinden, eine List aushecken, um ihr diesen jungen Mann vorzustellen, ohne daß sie was ahnte.

RINVILLE *(lächelt)*: Sehen Sie!... Na, dann...

DERVIÈRE: Aber ich muß das in Ruhe überlegen, denn ich bin nicht sehr stark... Ich habe nicht genug Übung, mit meiner Tochter Verstecken zu spielen... Wollte ich sie hinters Licht führen, bin ich sicher gleich entdeckt. Sie geht bei mir mit Holzschuhen aus und ein.

RINVILLE *(abseits)*: Gut zu wissen.

DERVIÈRE: Jetzt kennst du meine Lage und die deine... damit ich ihr diesen jungen Mann vorstellen kann, damit sie ihn überhaupt anschaut, mußt du zuerst verschwinden.

RINVILLE: Das scheint mir kompliziert.

DERVIÈRE: Aber keineswegs. Sie weiß nicht, daß du da bist. Sie hat von deiner Rückkehr nicht die geringste Ahnung, und wenn du gleich wieder gingest...

EMMELINE *(von draußen)*: Papa! Papa!

DERVIÈRE: Mein Gott! Da ist sie schon. Sag nichts. Ich bin sicher, sie erkennt dich so wenig wie ich.

7. Die Vorigen, Emmeline

EMMELINE *(die Rinville zuerst gar nicht sieht)*: Papa! Papa! Was kann das heißen? Ich bin ganz aufgeregt, schau, wie ich zittre... unten ist ein Mann, der will dich sprechen.
DERVIÈRE: Was, noch einer?
EMMELINE: Ein Fremder... ein Deutscher, Herr Zacharias... er hat die Heimkehr meines Cousins angekündigt.
RINVILLE *(abseits)*: Schon passiert.
EMMELINE: Und er ist ihm, sagt er, zuvorgekommen, weil er dich persönlich sprechen will, in einer Sache, die deinen Neffen betrifft.
DERVIÈRE *(in einer überraschten Wendung zu Rinville)*: Dich? *(Fängt sich.)* War das dumm!
EMMELINE: Was sagst du da?
DERVIÈRE *(versucht Rinville zu decken)*: Nichts, mein Kind, gar nichts, bitte, ich redete nur mit diesem Herrn, den es hierher verschlagen hat.
EMMELINE: Nein... nicht wirklich... du willst mich täuschen... was du ihm eben sagtest... deine Verlegenheit... deine Ratlosigkeit... und seine Augen... wie sie in die meinen sehen... genau wie damals... *(fliegt auf Rinville zu)* Charles, das bist du!
DERVIÈRE: Da haben wir's. Sie hat ihn erkannt.

Arie

EMMELINE: *Oh Glück aus unsern Kindertagen*
  Bist du wieder da.
  Er ist es, und seine Gegenwart
  Benimmt mir alle Sinne.
RINVILLE: *Sie ist es, und ihre Gegenwart*
  Benimmt mir alle Sinne.
BEIDE: *Oh Glück aus unsern Kindertagen*
  Bist du wieder da.

EMMELINE: Wie? Du bist es! Daß ich dich noch einmal ansehe. Er hat sich wirklich sehr verändert, nicht wahr, Papa! Aber das macht nichts. Der Ausdruck ist geblieben. Und vor allem die Augen. So was behält man. Und Sie, mein Herr, wie finden Sie mich?

RINVILLE: Noch hübscher als ich glaubte, so daß mir scheint, Sie überhaupt zum erstenmal zu sehen.

EMMELINE: Wirklich... aber ich habe mich nicht so verändert wie Sie.

RINVILLE: Und Sie haben mich erkannt?

EMMELINE: Auf der Stelle. Gleich beim Hereinkommen war ich etwas aufgeregt, und ich wußte nicht, warum. Das war das Vorgefühl, das mir sagte: Er ist da.

DERVIÈRE: Da hatte ich für meinen Teil nicht die blasseste Ahnung, und wenn er mir seinen Namen nicht vorbuchstabiert hätte...

EMMELINE: Ja du! Das ist was anderes. Aber ich! Es gibt Sympathien, die niemals in die Irre leiten. Das hätte meine Tante Judith dir erklären können. Aber ich vergesse diesen Herrn, der unten wartet. Und er machte einen so ungeduldigen Eindruck...

DERVIÈRE: Ich werde ihn in mein Arbeitszimmer bitten und, da du diesen Herrn Zacharias nicht kennst, gleich wissen, was dich in dieser Sache so betreffen kann. *(Er führt Rinville nach links.)* Ich lasse dich mit meiner Tochter allein, mit deiner Cousine. Auf Treu und Glauben. Und kein Wort zu ihr über Liebe. Versprochen?

RINVILLE: Ich schwöre. Charles wird ihr kein Sterbenswörtchen sagen.

DERVIÈRE: Gut! Das beruhigt mich. Vielleicht findest du sogar ein Mittel, ihr irgendwie zu mißfallen und sie von dir abzubringen. Das wäre doch nicht schlecht. Zumindest ginge es in unsere Richtung.

RINVILLE: Trauen Sie mir. Ich werde alles zum besten wenden.

8. *Rinville, Emmeline*

RINVILLE *(abseits)*: Zugegeben, für eine erste Zusammenkunft ist die Situation originell.

EMMELINE: Nun Charles! Bist du also wieder da?

RINVILLE: Ja, Fräulein.

EMMELINE: Fräulein! Bin ich nicht deine Cousine?

RINVILLE: Ja, meine liebe Cousine. Jetzt bin ich wieder bei Ihnen. Mehr wollte ich gar nicht.

EMMELINE: Bei Ihnen? Charles, du duzt mich nicht mehr?

RINVILLE: Ich traute mich nicht... aber wenn du magst.

EMMELINE: Und ob! Was kann das schon machen unter Cousins. So war es doch, bevor du weggingst.
RINVILLE: Ja. Sicher.
EMMELINE: Wie oft dachte ich an diese Zeit zurück. Kindheitserinnerungen haben so was Wahrhaftiges, so was Anrührendes... Erinnerst du dich, wie ausgelassen wir waren, wie glücklich! Und wie wir die arme Tante Judith auf die Palme brachten! Apropos, mein Herr, Sie haben noch gar nicht nach ihr gefragt.
RINVILLE: Richtig, ja. Diese arme Frau. Sie muß ziemlich alt sein jetzt?
EMMELINE: Alt? Was? Aber sie ist seit drei Jahren tot.
RINVILLE *(abseits)*: Mein Gott.
EMMELINE: Das wußtest du gar nicht?
RINVILLE: Doch, irgendwie... aber ich wollte sagen, daß sie ziemlich alt wäre.
EMMELINE: Nicht einmal so... aber erinnerst du dich, als wir ganz heimlich zum Bauern um Sahne gingen... du hast immer am meisten geschleckt.
RINVILLE: Nein, das warst du.
EMMELINE: Nein, nein, mein Herr... Und als uns das Gewitter überraschte.
RINVILLE: Teufel! Wir waren naß bis auf die Haut?
EMMELINE: Unter deinem Wetterfleck! Den hattest du zum Schutz über mich gebreitet, denn du warst Paul.
RINVILLE: Und du Virginie.
EMMELINE: Wie reizend... er hat nichts vergessen!... Und dieser Abend, erinnerst du dich, als wir unsere Kinderspiele spielten... aber damals wurdest du schon etwas kühn...
RINVILLE: Wirklich!

EMMELINE: Ja, ja, ich erinnere mich an diesen Kuß, den du mir gabst... aber reden wir nicht mehr davon.

RINVILLE: Doch, doch... reden wir davon... wie! Ein Kuß!

EMMELINE: Ja, da... auf die Wange... weißt du nicht mehr, daß ich beleidigt war und dir sagte: »Charles, Schluß jetzt, sonst sag ich's meiner Tante.« Aber ich habe ihr nie was gesagt.

RINVILLE: Ja. Jetzt erinnere ich mich. Und wenn ich mich nicht irre, stahl ich dir am nächsten Morgen einen neuen Kuß.

EMMELINE: Nein doch – am nächsten Morgen reistest du ja ab.

RINVILLE *(abseits)*: Jetzt ist mir etwas leichter. Ich fürchtete schon, ich wäre weiter gegangen, als ich wünschte.

EMMELINE: Es war gleich der nächste Morgen... und du weißt noch, was wir uns beim Abschied gegenseitig schworen?

RINVILLE: Ja. Gewiß.

EMMELINE *(schaut in die Luft)*: Da oben... Sie wissen es...

RINVILLE *(beunruhigt, macht wie sie)*: Ja, da oben. Ich erinnere mich.

EMMELINE: Nun, mein Herr. Ich habe es kein einziges Mal versäumt. Und Sie?

RINVILLE: Ich auch... *(abseits)* Was zum Teufel kann das sein?

EMMELINE: Und alle anderen Versprechen, haben Sie sie ebenso gehalten?

RINVILLE: Ebenso. Das kann ich schwören.

Arie

EMMELINE: *Ebenso ich. Du erinnerst dich*
An unsre Spiele, unsere Plaudereien.
RINVILLE: *Ich erinnere mich.*
EMMELINE: *An diese Romane und lieblichen Szenen,*
Welche uns rührten zu heftigen Tränen.
RINVILLE: *Ich erinnere mich.*
BEIDE: *Oh! Süßer Augenblick, der uns vereint,*
Erinnerung, die unsre Herzen packt.
EMMELINE: *Hilf mir, wie ging noch dieser Takt,*
Wie klang unser Lied, lieber Freund?
RINVILLE (bedrängt):
Unser Lied, ja, ja.
EMMELINE: *Du weißt schon...*
RINVILLE: *Ja, ja. Genau.*
EMMELINE (sucht die Melodie):
»Wenn die Klänge der Schalmei
Uns mit Heiterkeit durchdringen,
Laß uns tanzen, laß uns springen
Auf der Wiese, nur uns zwei.«
RINVILLE: *Dieses zarte Lied, gewiß, ja, ja,*
Schmeichelte sich hier ins Ohr.
(abseits) *Doch hörte ich es wohl zuvor*
In irgendeiner Opera.
(laut) *Ich mag die Schalmei*
Und ihr Dideldumdei.
EMMELINE (macht ein paar Tanzschritte vor):
So tanzten wir zwei
Zur fröhlichen Melodei.
RINVILLE: *Man wird schön bei solchen Tänzen.*

EMMELINE: *Und dann bei den Kadenzen*
Hat mir Charles den Mund genetzt.
RINVILLE (küßt sie): *Damals ist jetzt Jetzt.*

9. *Die Vorigen, Dervière*

DERVIÈRE: Was soll das? Charles, Neffe. Hältst du so deine Versprechungen?
RINVILLE *(abseits)*: Richtig. Ich hatte meine Rolle als Cousin vergessen.
EMMELINE: Nicht böse werden, Papa. Das war nur Erinnerung.
DERVIÈRE: Ja, ja. Kindheitserinnerung. Jetzt langt's. Sie gaben mir Ihr Ehrenwort, Monsieur. Das ist Vertrauensbruch. Ich bitte Sie, noch heute abend abzureisen.
EMMELINE: Was, Papa? Wo er kaum angekommen ist, verstößt du ihn?
DERVIÈRE: Ja, Fräulein. In deinem Interesse. Und vielleicht sogar in seinem. Denn weißt du, wer dieser Herr Zacharias war, den mein Neffe angeblich nicht kennt?
RINVILLE: Ich schwöre, ich weiß von nichts...
DERVIÈRE: Aha! Sie wissen von nichts. Dann teile ich Ihnen also mit, daß es ein Wucherer war. Und er forderte einen Wechsel ein, der Ihren Namen trägt, den aber ich bezahlen muß. Bitte sehr.
RINVILLE: Das gibt es nicht!
DERVIÈRE: Doch, Monsieur. Ist das Ihre Unterschrift?
RINVILLE: Nein, sicher nicht. Aber Sie können sie mir

zeigen, *(abseits)* damit ich sie zumindest kenne. *(Liest)* Charles Desroches... *(abseits)* Ach, so heiße ich, auch gut.

DERVIÈRE: Nun, was sagen Sie dazu?

RINVILLE: Ich sage, Monsieur, daß das ein Wechsel ist. Alle Welt kann Wechsel machen.

DERVIÈRE: Wenn das der einzige wäre, ginge das noch. Aber Herr Zacharias hat noch sechs weitere angekündigt. Ich zahle sie nicht.

EMMELINE: Charles! Wie entpuppst du dich? Bist du ein Taugenichts geworden?

RINVILLE *(geht auf Emmeline zu)*: So scheint es auf den ersten Blick; aber ich kann dir versichern...

DERVIÈRE: Bah! Das ist noch gar nichts... Herr Zacharias hat mir von einer Machenschaft erzählt, die alles schlägt.

RINVILLE: Machenschaft? Was heißt das?

DERVIÈRE: Das eben frage ich Sie, Monsieur. Was heißt das? Denn Herr Zacharias hat sich nicht näher erklärt. »Die Verfehlung wiegt schwer, sehr schwer, und ich überlasse es Ihrem Neffen, sich zu rechtfertigen.« Sagte er und ging. Mehr habe ich nicht herausbekommen.

EMMELINE: Eine Verfehlung! Eine schwerwiegende Verfehlung! Charles, was ist das?

RINVILLE: Ach! Das kann ich nicht sagen.

DERVIÈRE: Sie müssen jetzt spüren, daß nur noch ein Geständnis Sie retten kann.

EMMELINE: Ja, gestehe, ich flehe dich an.

RINVILLE: Ehrlich, ich wünschte, es wäre mir unmöglich.

EMMELINE: Es macht doch nichts, sage alles. Du zögerst... mein Gott, muß das schrecklich sein. Was ist es, was denn? Antworte, und zwar gleich. Früher sagtest du mir alles, was es auch war, du hast es mir anvertraut. Aber du hast dich verändert. Du bist nicht mehr derselbe. Das eben hast du mir nicht versprochen. Am Tag deiner Abreise, als du mir diesen Ring gabst, den ich seither aufbewahre... *(betrachtet Rinvilles Hand)* Nun, wo ist der deine?

RINVILLE: Der meine? *(Abseits)* Zum Henker mit den Symbolen und Gefühlen.

EMMELINE: Ich sehe ihn nicht an deinem Finger. Und du hättest ihn nie abnehmen sollen.

RINVILLE *(in der Klemme)*: Ich muß gestehen, im Moment habe ich ihn nicht bei mir.

DERVIÈRE *(abseits, sich die Hände reibend)*: Wunderbar! Das bringt sie auseinander.

EMMELINE: Das ist es also, das wolltest du nicht sagen. Verstehe. Du hast ihn einer anderen gegeben.

DERVIÈRE *(lebhaft)*: Sehr wahrscheinlich.

RINVILLE: Sie können annehmen...

EMMELINE: Ja. Ja. Das ist unter aller Würde. Alles hätte ich dir verziehen: daß du Schulden machtest, daß du Wechsel auf den Namen meines Vaters zogst, und was immer es sei – daß du aber meinen Ring nicht hast! Es ist aus. Unsere Verbindung ist aufgelöst. Ich liebe dich nicht mehr.

DERVIÈRE: Bravo!

Arie

EMMELINE: *Er, an den mich Kinderglaube band,*
　Hat alle Hoffnungen zerschlagen.
　Haß nimmt in mir überhand,
　Sein Anblick ist nicht zu ertragen.
RINVILLE: *Was soll nun werden, was geschehen,*
　Wo alles doch so gut begann.
　Muß mich in Sachen schuldig sehen,
　Für die ich gar nichts kann.
DERVIÈRE: *Bravo! Das läuft unsäglich*
　Gut: wie geschmiert.
　(zu Emmeline)
　Auch mir, Kind, wird
　Sein Anblick unerträglich.
RINVILLE (zu Dervière):
　Man kann Sie nicht erweichen.
　(zu Emmeline)
　Sie wollen mich verscheuchen
　Aus so einem dürftigen Grund?
DERVIÈRE: *Was? Das soll nicht reichen?*
EMMELINE: *Wer von Treue nicht besessen*
　Ist, den schreckt kein Verrat.
　Hält sich mehrere Mätressen . . .
DERVIÈRE: *Ist bereit zu jeder Tat.*
EMMELINE: *Er, an den mich Kinderglaube band usw.*
RINVILLE: *Was soll nun werden, was geschehen usw.*
DERVIÈRE: *Bravo! Das läuft unsäglich usw.*

10. Die Vorigen, Lapierre

LAPIERRE: Meister, eben kommt ein junger Mann, ein Fremder... und da unten niemand ist, der ihn empfängt...

EMMELINE: Ja, darum geht's jetzt! Als wäre ich in Stimmung, die Honneurs zu machen!

DERVIÈRE: Wer ist es? Was will er? Wir hätten um diese Zeit nur Herrn von Rinville erwartet.

EMMELINE *(zu Lapierre)*: Du hast ihm doch den Brief gebracht?

LAPIERRE: Das heißt, Fräulein, die Absicht war vorhanden. Aber dann lief mir dieser Herr *(zeigt auf Rinville)* über den Weg, und er wollte das für mich tun.

EMMELINE *(zu Rinville)*: Guter Gott! Und Sie haben ihn noch?

RINVILLE: Ja, Fräulein.

DERVIÈRE *(zu Lapierre)*: Das ist er. Das ist mein Schwiegersohn. Wer hätte damit noch gerechnet. Ich muß mich umziehen. *(Zu Rinville)* Was Sie betrifft, Monsieur, so halte ich Sie nicht länger auf. Und du, mein Mädchen, mach dich schnell zurecht. Vergiß nicht: ihr seht euch zum ersten Mal.

EMMELINE: Wie langweilig! Soll ich jetzt hingehen und mich schönmachen für diesen Unbekannten, der mir im voraus zuwider ist... den ich nicht einmal sehen wollte... *(Zu Rinville)* Und du bist es, der ihn angezogen, der ihn verschuldet hat! Nun! Von mir aus... Es trifft sich gut. Ich werde mich überwinden, ihn liebenswert zu finden. Ihn zu lieben. So nehme ich Rache an dir und bin meinem Vater gehorsam.

DERVIÈRE: Das ist rechte Folgsamkeit. Komm, mein Töchterlein. Lapierre, führe diesen Herren herein und bitte ihn um etwas Geduld. *(Er geht mit Emmeline durch die linke Tür ab. Lapierre durch die Tür hinten.)*

11. Rinville
allein

RINVILLE: Bravo! Das läuft gut! Über Kreuz mit dem Vater, über Kreuz mit der Tochter. Der Trick ist hübsch gelungen. Um so mehr stört es mich, daß ich mit meiner Rolle nicht mehr spaßen darf. Emmeline ist ganz entzückend. Ich würde nicht unbedingt auf sie verzichten wollen. Zwar könnte ich mich mit einem Wort erklären. Aber vorher muß ich sicher sein, daß ich es bin, den sie liebt, und nicht diese Erinnerung an Charles.

Arie

Diese Cousins machen mich krank,
Tun nichts als Ehen gefährden.
Drum ausgesprochen – frei und frank:
Wo Charles war, soll ich werden.
  Ohne das, na klar,
Steht meine Chance eins zu eins.
  Nehm ich sie heute wahr,
Ist's grad wie zu St. Nimmerleins,
Denn Charles heißt weiterhin: Gefahr.

12. Rinville, Charles

CHARLES *(in der Kulisse)*: Danke, Musje! Sie sind ein ganzer Bursche. Meine Knochen brauchen Rast. Nichts aufreibender als diese Rumpelkästen auf nüchternen Magen.
RINVILLE: Voilà, der Junker hat es in sich.
CHARLES: Scheint so, daß Dervière nicht da ist.
RINVILLE: Nein, Monsieur.
CHARLES: Und seine Tochter auch nicht.
RINVILLE: Nein, Monsieur.
CHARLES: Um so besser.
RINVILLE: Was? Warum?
CHARLES: Ich sag »um so besser«, weil ich mit denen was bekakeln muß und also Zeit gewinne, mir das zurechtzulegen. Was ich sagen will. Musje ist nicht von hier?
RINVILLE: Halb-halb.
CHARLES: Das reicht für einen kleinen Dienst. Ist vielleicht etwas unverfroren, aber unter jungen Leuten ...
RINVILLE: Reden Sie, Monsieur.
CHARLES: War rein zufällig ein gewisser Zacharias da ... ein deutscher Kapitalist?
RINVILLE: Ein Wucherer! Ist eben gegangen.
CHARLES: Scheiße! Das habe ich gefürchtet. Wie hat dieser Hund die Adresse meines Onkels erschnüffelt?
RINVILLE: Mensch! Sie sind Monsieur Charles. Charles Desroches?
CHARLES: Kein Geringerer! Der verlorene Sohn, der

nach achtjährigen Irr- und Handelsfahrten ins Vaterhaus seines Onkels zurückkehrt... Inkognito... Eigentlich sollte es eine Überraschung sein... drum kam ich ja per Eilpost... Habe nicht mal␣gerastet, um was einzuwerfen. Und trotzdem war dieser vermaledeite Zacharias schneller... Der hat bestimmt die ganze Familie gegen mich aufgehetzt.

RINVILLE: Weit davon entfernt! Er legte einen Wechsel vor, der von Ihrem Onkel beglichen wurde. Hier. *(Er gibt ihm den Wechsel.)*

CHARLES: Das gibts nicht! Der gute Onkel! Oh ja! Die heiligen Bande der Natur und des Blutes! Das sagte ich mir unterwegs auch: entweder hat man Verwandtschaft oder man hat keine. *(Zeigt ihm den Wechsel.)* Der ist übrigens von mir. Aber er ist kein Einzelkind. Seine Geschwister sind zahlreich.

RINVILLE: Herr Dervière aber nicht. Er weigert sich, für die anderen aufzukommen. Das ist so schon zuviel.

CHARLES: Schon! Und was meinte mein Onkel zur anderen – Sache? Zur großen. Der muß ja gerast haben.

RINVILLE: Welche Sache?

CHARLES: Na, das mit Besançon! Vorigen Monat. Wißt ihr das gar nicht?

RINVILLE: Nein. Der Onkel sicher auch nicht.

CHARLES: Echt? Also verplaudern Sie sich nicht. Wir kommen da irgendwie raus. Denn in Windigkeit und Überredung bin ich Meister. Handelskommis, verstehen Sie. Ich habe einen ganz natürlichen, angelesenen Geist. Tante Judiths Schule: Romane, Komödien – wie das tägliche Fläschchen kriegten wir das.

Von da weiß ich, daß es fünf, höchstens sechs Arten gibt, einen Onkel weichzukriegen. Ihm Verzeihung abzufoltern. Vorausgesetzt jedoch, du bleibst unerkannt. Das ist unerläßlich. Nur weiß ich nicht, wie ich mich vor ihm verstellen soll.

RINVILLE: Wollen Sie ein Mittel.

CHARLES: Ein Mittel ist immer das beste.

RINVILLE: Man erwartet heute Herrn von Rinville, einen Freier. Dem gehört das ganze Land hier. Ich weiß aus sicherer Quelle, daß er nicht kommt und daß Ihre Familie ihn nicht kennt.

CHARLES: Warten Sie! *Die* Idee! Ich gebe mich als er aus.

RINVILLE: Das wollte ich ja sagen.

CHARLES: Mensch! Also noch eine Dummheit. Nun ja, eine mehr. Aber darauf kommt's jetzt nicht mehr an. Ich habe schon so viele Dummheiten gemacht, die nicht gerechnet, die man mich machen ließ. Eine Frage noch, mein Herr, mit wem habe ich das Vergnügen?

RINVILLE: Ich bin der Neffe Ihres Onkels.

CHARLES: Du bist mein Cousin! Von der Laverdure-Seite.

RINVILLE: Exakt. Aber Dienst gegen Dienst. Wenn Sie sich als Herr von Rinville ausgeben, sprechen Sie bitte nicht über mich. Denn wir sind soeben aneinandergeraten, und er hat mich rausgeschmissen.

CHARLES: Echt! Dann hast du auch Blödsinn gemacht?

RINVILLE: Den gleichen wie du.

CHARLES: Mensch! Das geht hinein. Scheint im Blut zu liegen bei uns. Also, Cousin, eingeschlagen. Das Bündnis gilt.

RINVILLE *(nimmt seine Hand)*: Was ist denn das? Welcher Nutte hast du diesen Ring geklaut?

CHARLES: Hör auf. Darüber spaßt man nicht. Das ist von früher. Als wir noch jung und unschuldig waren. Ein Geschenk meiner Cousine. Als Kindheitserinnerung. Wie ich sie kenne, hat sie den ihren feierlich gehütet.

RINVILLE *(streift ihm den Ring vom Finger)*: Dann hüte du dich, ihn zu tragen, wenn du unerkannt bleiben willst.

CHARLES: Verdammt, du bist hell. Das hätte ich vergessen.

RINVILLE: Ich übernehme ihn inzwischen. Damit die Sache glattgeht.

CHARLES: Wie du magst, Cousin.

RINVILLE: Still! Unsere Familie. Ich möchte nicht, daß man mich noch sieht. Vergiß nicht. Man erwartet Herrn von Rinville, und er kommt als Freier... Laß es rollen, sage nichts.

CHARLES: Zur rechten Zeit... das treibt die Täuschungskosten in die Höhe. *(Rinville geht durch die rechte Tür ab.)*

13. Charles, Dervière, Emmeline
Vater und Tochter kommen durch die hintere Tür

DERVIÈRE: Wo ist er? Wo? Daß ich ihn umarme... Entschuldige, mein lieber Rinville, wenn ich dich warten ließ... Ich wollte mich nur passender kleiden.

CHARLES: Aber sicher, lieber Herr. *(Abseits)* Mensch, hat sich der verändert. Den hätte ich nicht wiedererkannt.

DERVIÈRE: Ich habe die Ehre, dir meine Tochter, meine Emmeline vorzustellen.

EMMELINE *(geht auf ihn zu, macht ihren Knicks)*: Monsieur... *(Leise zu ihrem Vater)* Herrgott! Ist der häßlich! Und diese Figur!

DERVIÈRE: Finde ich gar nicht... er sieht wirklich gut aus... Er macht einen jüngeren und beschwingteren Eindruck als dein Cousin.

EMMELINE *(abseits)*: Der hat leicht reden... Was für ein himmelweiter Unterschied zu Charles!

DERVIÈRE *(zu Charles)*: Du warst jetzt lange außer Landes, nicht wahr, mein lieber Rinville?

CHARLES: Ja, ja – so daß ich, Sie werden es nicht glauben, ein wenig Angst hatte, als ich hier ankam.

DERVIÈRE: Das gibts nicht!

CHARLES: Ja, mein Gott, scheu wie ein Novize.

DERVIÈRE: Hörst du das, Kind? Er hat weiche Knie aus Furcht, uns nicht zu gefallen. *(Zu Charles)* Aber jetzt laß die Förmlichkeiten mal beiseite; was immer du magst...

CHARLES: Nun ja, ich wage kaum...

DERVIÈRE: Fühl dich wie zu Hause. Kann ich etwas für dich tun?

CHARLES: Nein, nein... nur vergessen Sie diesen Satz bitte nicht: »Was immer du magst... was immer du magst...« Weil später vielleicht... Aber jetzt, im Augenblick – und Augenblick heißt Not! –, jetzt im Augenblick mag der Magen was...

DERVIÈRE *(zu Charles)*: Dann laß uns vor dem Diner ein Häppchen nehmen. *(Zu Emmeline)* Du siehst, er ist die Ehrlichkeit in Person.

EMMELINE: Und mir hat er kein einziges Kompliment gemacht. Er ist kaum da und denkt schon an die Tafel.

DERVIÈRE: Das kommt wieder von deinen Romanen . . . du willst nicht, daß man ißt.

CHARLES *(abseits)*: Wunderbar! Das läßt sich gut an. Wenn ich mein Inkognito durchziehe, ist der Onkel reingelegt und mitgerissen: wenn er mir um den Hals fällt, falle ich ihm zu Füßen und kann das Geständnis meiner Streiche riskieren.

DERVIÈRE: Gehen wir, kommst du, mein Schwiegersohn?

CHARLES: Schon unterwegs . . . *(Zu Emmeline)* Ich habe die Ehre, Mademoiselle. *(Charles und Dervière ab.)*

*14. Emmeline
allein*

EMMELINE: Er geht essen. Er setzt sich an den Tisch. Und so was soll mein Mann werden. An den gewöhne ich mich nie. Allein schon sein Äußeres bereitet mit Übelkeit. Wenn er noch dazu das Maul aufmacht und sich bewegt, ist es vorbei. Aber ich habe versprochen, ihn zu heiraten. Charles zu vergessen. Ihn nie wieder zu sehen. Nie wieder! Wahrscheinlich. Aber ich bin zu stolz, um ihm meinen Kummer zu zeigen. Aber vergessen? Charles? Nie! Ach, Tante Judith, wie recht du hattest. Erste Liebe rostet nie.

15. Emmeline, Rinville

EMMELINE: Wie, Monsieur, Sie sind noch da?

RINVILLE: Ich reise ab, Mademoiselle. Ich wollte mich nur verabschieden.

EMMELINE: Daran tun Sie gut. Denn Sie müssen meinem Vater ohne Murren folgen. Ohne Widerspruch. *(Sie seufzt.)* Und ich auch.

RINVILLE: Sein Befehl war überflüssig. Die bloße Erscheinung dieses Herrn von Rinville hätte mich ausgestochen. Sie fanden Ihren neuen Verlobten sicher zauberhaft... begehrenswert.

EMMELINE: Darüber bin ich Ihnen keine Rechenschaft schuldig. Schließlich muß ich ihn heiraten und kann ihn finden, wie ich will.

RINVILLE: Aber Liebe ist eine Notwendigkeit. Das hat mit Freiheit nichts zu tun.

EMMELINE: Und wie! Wer sagt Ihnen, daß ich ihn nicht liebe? Ja, selbst wenn. Das wäre noch anständiger.

RINVILLE: Sie vergessen mich also.

EMMELINE: Sie haben angefangen.

RINVILLE: Geben Sie doch zu, daß Sie mich nie geliebt haben.

EMMELINE: Doch. Früher. Ein wenig. Jetzt gar nicht.

RINVILLE: Das ist Klartext. Und da ich sehe, daß zwischen uns alles aus ist, gebe ich Ihnen diesen Ring zurück, den ich einst von Ihnen bekam.

EMMELINE: Himmel! Monsieur! Sie haben ihn keiner anderen gegeben? Ja, er ist es! Er hat ihn aufbewahrt! Ach! Wie übel hast du mir mitgespielt.

RINVILLE: Ich bin schuld, unstreitig.
EMMELINE: Nein, nein, jetzt nicht mehr. Alles ist gut.
Ich trage dir nichts nach. Was immer du getan hast,
es ist vergeben und vergessen. Du hast meinen Ring,
alles andere zählt nicht. Wenn du wüßtest, Charles,
wie unglücklich ich war. Wie es mir das Herz zusammenschnürte, und ich wußte nicht, woher das kam.
Und jetzt noch . . .

Arie

RINVILLE: *Musik! Ich bin vor Überraschung toll!*
Das Glück ist da, verjagt den Groll!
Du liebst mich, bist mir nicht mehr böse?
EMMELINE: *Willst du, daß ich in meinem Herzen lese?*
RINVILLE: *Dies Zauberwort, sags noch einmal.*
EMMELINE: *Ich höre Schritte. Bitte, Charles,*
Entferne dich sofort.
RINVILLE: *Ich bin gleich weg,*
Doch nur dies eine Wort.
EMMELINE: *Es hat keinen Zweck.*
Ich kann es nicht sagen.
RINVILLE: *Hilf mir, ich komme nicht los.*
Die Hoffnung will am Herzen nagen.
EMMELINE: *Ich kann nicht. Wüßte ich bloß,*
Was vorgeht in mir. Schlagen
Tut das Herz, das schon. Sonst schloß
Es sich, darf nichts mehr wagen:
  Keine Blicke!
  Keine Blicke!
Ist ein Buch mit sieben Siegeln,

Blendet wie aus tausend Spiegeln,
Springt in Millionen Stücke.
(Rinville durch die linke Tür ab.)

16. *Emmeline, sodann Charles*

EMMELINE: Ach Gott! Dieser Herr von Rinville. Ich muß jetzt ganz offen sein.

CHARLES *(kommt von hinten)*: Wie man sagt, unverblümt: alle Mann ans Geschäft. *(Abseits)* Jetzt kann ich auch das Diner erwarten. Getrunken habe ich, gegessen... und durch und durch inkognito. Inkognito ergo sum. Der gute Onkel ist schon reingefallen. Jetzt muß ich nur noch die Cousine dazu bringen, daß sie mir abschwört und zack! die Gnade ist mir sicher.

EMMELINE *(scheu)*: Mein Herr.

CHARLES *(wird auf sie aufmerksam)*: Verzeihung, Fräulein. Gibt es was?

EMMELINE: Ja, mein Herr. Aber es ist nicht leicht.

CHARLES *(abseits)*: Mensch, die meint mich. Mein gewinnendes Äußeres! *(Laut)* Wahrscheinlich dreht es sich um die Heirat.

EMMELINE: Die mir manchen Schwindel bereiten würde, denn ich liebe einen anderen.

CHARLES *(abseits)*: Mensch! Das trifft sich! *(Laut)* Fahren Sie fort, Fräulein, keine Angst. Dieser andere, den Sie lieben...

EMMELINE: Ist ein Freund aus der Kindheit. Es ist mein Cousin Charles.

CHARLES *(abseits)*: Scheiße, das sitzt tief. *(Laut)* Ihr Cousin Charles, mit dem Sie aufgewachsen sind?
EMMELINE: Ja, mein Herr.
CHARLES: Der seit acht Jahren fort ist? Ist er hübsch?
EMMELINE: Ja, mein Herr.
CHARLES *(abseits)*: Das bin ich. Das ist Identität. Fragt sich nur, wie man rauskommt. *(Laut)* Und Sie halten immer noch daran fest?
EMMELINE: Ich habe es ihm versprochen.
CHARLES: Sicher, für gewisse Menschen mag das ein Grund sein . . . aber Charles, seinerseits, hat vielleicht nicht so viel verstockte Treue investiert. Ich weiß übrigens aus sicherer Quelle, daß er, nun ja, Dummheiten gemacht hat. Zumindest nennt man es so.
EMMELINE: Ich weiß es auch.
CHARLES: Er hat Schulden gemacht.
EMMELINE: Das stört mich nicht.
CHARLES: Er ist ein Subjekt geworden.
EMMELINE: Das ist mir klar.
CHARLES *(abseits)*: So ist sie nicht abzubringen. Jetzt hilft nur noch die Roßkur. *(Zu Emmeline)* Sehen Sie, Fräulein, ich habe ihren Cousin gut gekannt. Ich bin ihm auf meinen Bildungsreisen begegnet. Er ist ja Handelsreisender. Da muß man nett sein und zu den Hausfrauen Kavalier. Das Geschäft erfordert Feingefühl, Sensibilität. Ja, niemand konnte wie er von Anmut und Würde sprechen. Vielleicht sogar zu sehr. Für seinen Stand. Denn er hatte eine rege Phantasie. Mit Büchern soll er ja aufgewachsen sein.
EMMELINE: Und mit mir.

CHARLES: Bücher, Fräulein, insonderheit Romane, verwickeln einen in größere Geschichten als man verkraftet. Natürlich, bei ihm waren es – nun, ich muß es sagen – Vertretergeschichten, immer lieblich, fast sogar *zu*... Aber er hatte so einen Ton, so ein Feuer, so eine Grazie, daß er in manche Gegenden nicht zweimal kommen konnte. Sein erlesener Charakter setzte ihn großen Nachstellungen aus. Durch das weibliche Geschlecht. Es soll Zeugen geben. Und besonders eine. Die letzte.

EMMELINE: Was sagen Sie da? Ist das das Abenteuer, aus dem er so ein Geheimnis machte?

CHARLES: Exakt. Geheimnisse sind seine größten Abenteuer. Das ist eine Art Berufskrankheit. »Die Geschäftswelt«, gestand er mir in einer schwachen Stunde, »ist das innigste Mysterienspiel. Inkognito ergo sum.« So was sagt er natürlich nicht oft. Und was das Mysterium betrifft, für das diese Zeugin existiert, so wagt er niemanden einzuweihen. Die Zeugin ist nämlich eine Art Priesterin, er nennt sie sein mysterium fascinosum. Vom Onkel, von der Familie dagegen spricht er nur als von einem mysterium tremendum. Er hat das sicher aus den Büchern. Jetzt sehnt er sich nach Absolution.

EMMELINE: Weihen Sie mich ein! Reden Sie!

CHARLES: Sie können ihm zur Gnade verhelfen. Sie heißt Pamela und stammt aus Besançon. War von Beruf Nähmamsell.

EMMELINE: Was?

CHARLES: Sagen wir, sie schneiderte. Er handelte ja mit allem. Nun, sie war keine geborene Schneiderin, sondern Engländerin. Irgendwas Besseres, aber vom Unglück verfolgt.

EMMELINE: Gott! Ist ihr was zugestoßen?

CHARLES: Ums Haar. Charles sehen und ihn lieben war das Werk eines einzigen Moments. Aber Charles war anständig. Aber er war voll Gefühl. Und so wollte Pamela in ihrer Verzweiflung Hand an sich legen. Die verhängnisvolle, die Schicksalswaffe blitzte auf und wollte schon in ihren Busen dringen. Es war eine Schere. Aber Charles war schneller. Oh Gott! Ich sehe alles noch vor mir. Sie umarmte ihn, sie hielt die Schere noch in der Hand. Er spürte sie in seinem Nacken. In einer solchen Hitze, Fräulein, kalter Stahl! Jedenfalls wollte sie Charles oder sterben.

EMMELINE: Und weiter?

CHARLES: Und weiter. Sie lebt noch.

EMMELINE: Himmel! Das ist mein Gnadenstoß! Charles hat sie geheiratet.

CHARLES: Nur um ihr das Leben zu retten.

EMMELINE: Das ist – nicht die Möglichkeit! Dieses Monster! Dieser verschlagene Hund! Dieses durchtriebene Aas! Papa, Papa, wo bist du?

CHARLES: Üben Sie Vorsicht. Nehmen Sie Rücksicht. Sie müssen Ihrem Vater das schonend beibringen.

EMMELINE: Keine Angst. Papa! Papa! Warum hast du mich verlassen?

17. Die Vorigen, Dervière

DERVIÈRE: Aber, Kind, ich bin ja da. Was hast du denn?

EMMELINE *(schluchzt)*: Papa! Hilf mir! Ich reise durch den Schrecken ohne Halt! Alles ist nur Niedertracht. Wem soll man noch trauen? Mein Cousin Charles...

DERVIÈRE: Na was?

EMMELINE: Ist verheiratet.

DERVIÈRE: Verheiratet?

CHARLES *(abseits)*: Sie spuckt es aus, wo ich zur Vorsicht riet!

DERVIÈRE: Ohne mich zu fragen. Und nicht einmal eine Anzeige hat er geschickt. Das verzeihe ich ihm nie. Soll er sehen, wie er aus seinen Schulden kommt. Keinen Groschen zahle ich.

CHARLES *(abseits)*: Da haben wir die Soße. Er ist wütender denn je. Herrgott! Wie dämlich diese kleinen Damen sind. Und die erst. Welten liegen zwischen ihr und meiner Frau! Ach, Pamela, du verspielte Tigerin, du hättest die Erkennungsszene geschickter eingefädelt!

DERVIÈRE *(zeigt auf Charles)*: Das ist der Mann, der zu dir gehört. Mein Schwiegersohn. Ab morgen ist Aufgebot. Wir heiraten.

CHARLES *(abseits)*: Morgen? Pamela, reiß mich da raus.

DERVIÈRE: Und was deinen Cousin Charles anlangt, diesen Schurken von einem Neffen! Er soll mir ja nicht unter die Hände kommen, sonst laß ich ihn durchs Fenster sausen. *(Zu Charles, der zusammenzuckt)* Was hast du, Schwiegersohn. Fürchte nichts.

EMMELINE: Still! Das ist er.
CHARLES *(blickt um sich)*: Ist er das?
EMMELINE: Bitte, Papa, beruhige dich. Ganz sanft. Jetzt bin ich an der Reihe. Jetzt wird er überführt. Und danach tu ich, was du willst.
DERVIÈRE: Gut. *(Leise zu Rinville, der im Hintergrund aufgetaucht ist.)* Näher, mein Herr. Kommen Sie. Nur herbei.

18. Die Vorigen, Rinville

CHARLES: Was? Der da ist Ihr Neffe Charles, dieses verkommene Subjekt?
DERVIÈRE: Ja, Monsieur.
CHARLES: Aha! Dann hätte ein anderer meine Pamela geheiratet?
RINVILLE *(blickt in die Runde)*: Was beschert mir einen so feierlichen Empfang?
EMMELINE: Das werden Sie gleich wissen. Ich bin meinem Vater und Ihnen *(zeigt auf Charles)* eine Erklärung schuldig. Vor allem aber Monsieur. Monsieur, ich habe Sie geliebt. Zumindest glaubte ich es, denn ich hörte nicht auf meine Gefühle, und ich habe Sie ja kaum gekannt. Jetzt aber weiß ich, wer Sie sind. Und da Sie vor keinem Mittel zurückschreckten, uns hinters Licht zu führen, ja, Ihre Täuschung bis zum äußersten trieben . . .
RINVILLE: Was? Dann wissen Sie endlich die Wahrheit?
EMMELINE: Jawohl. Ich liebe Sie nicht mehr.

RINVILLE: Verloren! Aus! Vorbei!

EMMELINE: Wenn ich meine Stimme noch erhebe, so nicht um Sie anzuklagen, nein, sondern um Verzeihung für Sie zu erbitten. Gnade! Sonst können Sie meiner Gleichgültigkeit versichert sein. *(Zu Dervière)* Ja, Vater, von nun an unterwerfe ich mich deinen Wünschen, folge ich deinem Rat, gehorche ich in allem. Aber nur, wenn du meinem Cousin vergibst... Soll er mit seiner Erwählten glücklich werden.

CHARLES *(zieht gerührt das Schnupftuch)*: Ach, Cousine. Mach mich jetzt nicht schwach.

RINVILLE: Jetzt weiß keiner mehr, woran er ist.

EMMELINE: Er soll jetzt gehen und nie wieder kommen. Aber gib ihm, Papa, deine Verzeihung mit auf den Weg und segne seine Ehe.

RINVILLE: Welche Ehe? Auf wessen Mist ist das gewachsen?

EMMELINE *(weint)*: Dieser Herr war dabei!

CHARLES *(weint)*: Ja, Monsieur. Ich habe alles gesagt. Daß Charles verheiratet ist.

RINVILLE *(erfreut)*: Charles verheiratet! Ist das möglich? *(Er wirft sich Emmeline zu Füßen.)* Mein lieber Schwiegerpapa, geliebteste aller Emmelinen, wie du mich glücklich machst. Schau mich nicht so furchtsam an, so ängstlich. Ich bin bei vollem Verstand. Denn der zu deinen Füßen ist nicht dein Cousin. Ist dein Geliebter, dein Mann, für dich bestimmt, vom Los getroffen, vom Schicksal ausgesucht.

DERVIÈRE: Sag bloß, du bist Rinville.

RINVILLE: Er selber.

DERVIÈRE: Und mein verschurkter Neffe?

CHARLES *(rutscht auf den Knien zu Dervières linker Seite)*: Bei Fuß.
DERVIÈRE: Subjekt. Spitzbub. Scherenschleifer.
RINVILLE: Da ich unter seinem Namen auftrat, überließ ich ihm den meinigen. Als Entschädigung.
CHARLES: Dann muß ich Ihnen noch herausgeben. Denn Sie sind nicht besser ausgestiegen bei dem Tausch.
EMMELINE: Zwick mich, Papa. Beweise mir, daß ich nicht träume. *(Zu Charles)* Mein armer Charles. Der mir so zuwider war, bist du? Und Sie, Monsieur, den ich nie gesehen...
RINVILLE: Doch früher schon geliebt zu haben glaubten...
EMMELINE: Es war ein Irrtum. Ich habe die Vergangenheit mit der Zukunft verwechselt.

Arie

DERVIÈRE: *Endlich wird dir die Schimäre*
Deiner Leidenschaft bewußt.
Wenn die Liebe endlos wäre,
Bräuchte sie nicht neue Lust.
Denn die guten Himmelssonnen
Treiben uns zu neuen Wonnen,
Dulden keine erste Liebe,
Die zu lang die erste bliebe.
RINVILLE: *Die Flattrigkeit ist ein Gewinn,*
Doch eben nur in dieser Sicht:
Ich liebte früher – im weiteren Sinn,
Zum Ziele aber kam ich nicht.

Vieles wäre mir somit entgangen,
Hätt die erste mich gefangen,
Und Sie sehen daran leicht,
Daß Treue für das Glück nicht reicht.
CHARLES: *Meine Frau, die Tugend in Person,*
Hegte in London manche Passion.
Ich bin der Dritte in der Runde.
Die beste Liebe ist die letzte
Gleicht dem aller-rarsten Funde.
Eben das war's, was ich schätzte:
Die Erfahrung ohne Scham
Und die unverbrauchte Glut;
Wie nach Ebbe frische Flut
Stets aufs neue kam.
EMMELINE (zum Publikum): *Ach, will eure kalte Erfahrung*
Jede Illusion zerstören?
Das System ist eure Nahrung,
Meine das Lied, wollt ihr's hören?
Helfen Sie, verehrtes Publikum,
Den Schimären etwas nach,
Sprechen Sie nur laut herum,
Daß ich alles richtig mach.
Beweisen Sie, meine Damen und Herrn,
Unserem Spiel und diesem Stück:
Man kommt doch immer gern
Zur ersten Liebe zurück.

SÖREN KIERKEGAARD
DIE ERSTE LIEBE

Lustspiel in einem Akt
1843

Dieser Artikel sollte bestimmt in einer Zeitschrift gedruckt werden, die, wie Frederik Unsmann bestimmt hatte, zu bestimmten Zeiten erscheinen sollte. Ach, was sind schon alle menschlichen Bestimmungen!

Wer jemals den Trieb zur Produktivität gehabt hat, der hat gewiß auch bemerkt, daß es ein kleiner zufälliger äußerer Umstand ist, der zum *Anlaß* des eigentlichen Schaffens wird. Nur die Schriftsteller, die irgendwie einen endlichen Zweck zu dem sie Begeisternden gemacht haben, werden das vielleicht bestreiten. Es ist jedoch ihr eigener Schade, denn sie sind damit der extremen Pole aller wahren und aller gesunden Produktivität verlustig gegangen. Der eine Pol ist nämlich das, was man mit einem herkömmlichen Namen die Anrufung der Muse nennt, der andere ist der Anlaß. – Der Ausdruck »Anrufung der Muse« kann zu einem Mißverständnis führen. Die Muse anrufen kann nämlich teils bedeuten, daß ich die Muse rufe, teils, daß die Muse mich ruft. Kein Schriftsteller nun, der entweder naiv genug ist, zu glauben, daß alles auf den redlichen Willen, auf Fleiß und Strebsamkeit ankomme, oder schamlos genug, die Schöpfungen des Geistes feilzubieten, wird es an eifriger Anrufung oder an frecher Zudringlichkeit fehlen lassen. Damit wird indessen nicht viel ausgerichtet, denn es gilt noch immer, was schon *Wessel* in bezug auf den Gott des Geschmacks gesagt hat, »den alle anrufen«, daß er »so selten kommt«. Denkt man aber bei diesem Ausdruck daran, daß die Muse es ist, die ruft, ich will nicht sagen uns, aber doch die Betreffenden, so erhält die Sache eine andere Bedeutung. Während die Schriftsteller, welche die Muse anrufen, an Bord gehen, auch ohne daß sie kommt, so sind die zuletzt geschilderten hingegen in einer anderen Verlegenheit, indem sie, damit das, was eine innere Bestimmung geworden ist, auch eine äußere werde, ein Moment mehr benötigen: das, was man den Anlaß nennen mag. Indem die Muse sie gerufen hat, hat sie sie von der Welt fortgewinkt, und sie lauschen jetzt nur noch ihrer Stimme, und der Reichtum der Gedanken tut sich vor ihnen auf, so übermächtig, daß, obgleich jedes Wort deutlich und lebendig vor ihnen steht, es ihnen ist, als wäre es nicht ihr Eigentum. Wenn dann das Bewußtsein wieder so weit zu sich gekommen ist, daß es den ganzen Inhalt besitzt, so ist der Augenblick da, der die Möglichkeit des eigentlichen Entstehens in sich birgt, und doch fehlt etwas; der Anlaß fehlt nämlich, der, wenn man so will, ebenso notwendig ist, wiewohl in anderem Sinne unendlich belanglos; so hat es den Göttern gefallen, die größten Gegensätze zu verknüpfen. Dies ist ein Geheimnis, das der Wirklichkeit eigen ist, den Juden ein Ärgernis und den Griechen eine Torheit. Der Anlaß ist immer das Zufällige, und dies ist das ungeheure Paradox, daß das Zufällige schlechterdings ganz ebenso notwendig ist wie das Notwendige. Der Anlaß ist nicht in ideellem Sinne das Zufällige, so wie wenn ich in logischem Sinne das Zufällige denke; sondern der Anlaß ist das Zufällige im Sinne eines Fetischismus, und doch in dieser Zufälligkeit das Notwendige.

Hinsichtlich dessen, was man so in Handel und Wandel Anlaß nennt, herrscht nun freilich eine große Verwirrung. Teils sieht man nämlich zuviel, teils zuwenig darin. Jede Produktivität, die innerhalb der Bestimmung der Trivialität liegt – und leider Gottes ist diese Produktivität vor allem an der Tagesordnung –, übersieht ebensosehr den Anlaß wie die Begeisterung. Daher meint eine derartige Produktivität auch, was man ihr zugestehen mag, daß sie gleich gut zu allen Zeiten passe. Sie übersieht daher völlig die Bedeutung des Anlasses, das heißt, sie sieht in allem einen Anlaß, sie gleicht einem geschwätzigen Menschen, der in den gegensätzlichsten Dingen einen Anlaß erblickt, ebensosehr darin, daß man es schon zuvor gehört hat, wie darin, daß man es nicht gehört hat, einen Anlaß erblickt, sich selbst und seine Geschichte anzubringen. Damit ist aber das *punctum saliens* aufgelöst. Andererseits gibt es eine Produktivität, die sich an dem Anlaß versieht. Von der ersten Art kann man sagen, sie sehe einen Anlaß in allem, von der zweiten, daß sie im Anlaß alles sehe. Hiermit ist nun die große Gemeinde der Gelegenheitsschriftsteller bezeichnet, angefangen bei den Gelegenheitsdichtern in tieferem Sinne bis hin zu denen, die in strengerem Sinne im Anlaß alles sehen und daher den gleichen Vers, die gleiche Formel benutzen und dennoch hoffen, der Anlaß werde für die Betreffenden ein hinreichender Anlaß zu einem angemessenen Honorar sein.

Der Anlaß nun, der als solcher das Unwesentliche und Zufällige ist, kann sich heute bisweilen im Revolutionären versuchen. Der Anlaß spielt oft ganz den Herrn; er gibt den Ausschlag, macht das Produkt und den Produzenten zu etwas oder nichts, je nach Belieben. Der Dichter erwartet, daß der Anlaß ihn begeistere, und sieht mit Verwunderung, daß es nicht angeht, oder er bringt etwas hervor, was er selbst im Innersten für unbedeutend hält, und sieht nun, daß der Anlaß es zu allem macht, sieht sich auf jede nur mögliche Weise geehrt und ausgezeichnet und ist sich wohl bewußt, daß er es einzig und allein dem Anlaß zu verdanken hat. Diese nun versehen sich am Anlaß, jene, die wir im vorhergehenden dargestellt haben, übersehen ihn und kommen daher immer in jeder Beziehung ungerufen. Sie zerfallen eigentlich in zwei Klassen, in jene, die immerhin andeuten, daß ein Anlaß nötig ist, und jene, die sich davon auch nicht einmal etwas merken lassen. Beides beruht natürlich auf einer unendlichen Überschätzung des eigenen Wertes. Wenn ein Mensch ständig solche Redensarten im Munde führt wie etwa: bei diesem Anlaß fällt mir ein, bei diesem Anlaß muß ich daran denken usw., so kann man stets sicher sein, daß ein solcher Mensch über sich selbst im Irrtum ist. Sogar in dem Bedeutendsten sieht er oft nur einen Anlaß, um sein bißchen Bemerkung anzubringen. Diejenigen, welche die Notwendigkeit des Anlasses nicht einmal andeuten, kann man für weniger eitel, aber für wahnsinniger halten. Unverdrossen spinnen sie, ohne nach rechts oder links zu blicken, den dünnen Faden ihres Geschwätzes aus, und sie tun mit ihrem Gerede und mit ihrer Schrift dieselbe Wirkung im Leben wie die Mühle im Märchen, von der es heißt: Und während all dies geschah, ging die Mühle klipp klapp, klipp klapp.

Und doch hat selbst das vollendetste, das tiefste und bedeutendste Werk einen Anlaß. Der Anlaß ist das zarte, fast unsichtbare Spinngewebe, in dem die Frucht hängt. Wenn es daher zuweilen so scheint, als ob das Wesentliche sich als Anlaß erweise, ist dies im allgemeinen ein Mißverständnis, da es in dem Falle meist nur eine einzelne Seite davon ist. Will man mir hierin nicht recht geben, so kommt das daher, daß man den Anlaß mit Grund und Ursache verwechselt. Falls etwa jemand mich nun fragte, was denn der Anlaß zu allen diesen Betrachtungen sei, und er damit zufrieden wäre, wenn ich antwortete: das Folgende, so machte er sich einer solchen Verwechslung schuldig und erlaubte mir, es ebenfalls zu tun. Dagegen wäre, wenn er das Wort Anlaß in seiner Frage in sehr strengem Sinne nähme, von mir sehr richtig zu antworten: Es hat keinen Anlaß. Es wäre eine Ungereimtheit, bezüglich der einzelnen Teile des Ganzen das zu verlangen, was man bezüglich des Ganzen mit Recht verlangen kann. Sollten nämlich diese Betrachtungen Anspruch auf einen Anlaß erheben, so müßten sie ein in sich abgerundetes kleines Ganzes sein, was jedoch ein egoistischer Versuch von ihnen wäre.

Der Anlaß ist somit für jedes Erzeugnis von größter Bedeutung, ja er gibt eigentlich sogar den Ausschlag in bezug auf dessen wahren ästhetischen Wert. Erzeugnissen ohne jeden Anlaß fehlt immer etwas, nicht außerhalb ihrer selbst, denn obgleich der Anlaß dazu gehört, gehört er doch in anderem Sinne nicht dazu, sondern es fehlt ihnen etwas in ihnen selbst. Einem Erzeugis, bei dem der Anlaß fehlt, fehlt wiederum etwas. Der Anlaß ist nämlich nicht positiv schöpferisch, sondern negativ schöpferisch. Eine Schöpfung ist ein Hervorbringen aus dem Nichts, der Anlaß dagegen ist das Nichts, das alles zur Erscheinung kommen läßt. Der ganze Reichtum des Gedankens, die Fülle der Idee kann da sein, und doch fehlt der Anlaß. Mit dem Anlaß kommt also nichts Neues hinzu, sondern durch den Anlaß kommt alles zur Erscheinung. Diese bescheidene Bedeutung des Anlasses ist auch in dem Wort selbst ausgedrückt.

Es gibt nun viele Menschen, die dies nicht begreifen können, aber das liegt daran, daß sie keine Ahnung haben, was ästhetisches Schaffen eigentlich ist. Ein Advokat kann seinen Schriftsatz für das Gericht abfassen, ein Kaufmann seinen Brief schreiben usw., ohne das Geheimnis zu ahnen, das in dem Wort Anlaß steckt, und zwar ungeachtet der Tatsache, daß er mit den Worten beginnt: anläßlich Ihres sehr geehrten Schreibens.

Vielleicht möchte nun der eine oder andere mir in dem hier Dargelegten recht geben und dessen Bedeutung für das dichterische Schaffen einräumen, sich aber höchlich verwundern, wenn ich Ähnliches in bezug auf Rezensionen und Kritiken geltend machen wollte. Und doch glaube ich, daß es gerade hier von größter Wichtigkeit ist und daß die Tatsache, daß man die Bedeutung des Anlasses übersehen hat, die Ursache ist, weshalb Besprechungen im allgemeinen so pfuscherhaft sind, so rechte Geschäftsarbeit. In der Welt der Kritik erhält der Anlaß sogar eine potenzierte Bedeutung. Obwohl man daher in kritischen Besprechungen oft genug von Anlaß reden hört, sieht man doch schon mit halbem Auge, wie wenig man darüber Bescheid weiß, wie es sich damit verhält. Der Kritiker scheint der Anrufung der Muse nicht zu bedürfen; denn es ist ja kein Dichtwerk, was er hervorbringt; bedarf er aber nicht der Anrufung der Muse, so bedarf er auch des Anlasses nicht. Indessen sollte man doch die Bedeutung des alten Satzes nicht vergessen: daß Gleiches nur von Gleichem verstanden werden kann.

Das, was den Gegenstand für die Betrachtung des Ästhetikers ausmacht, ist nun freilich das bereits Fertige, und er soll nicht, wie der Dichter, selbst hervorbringen. Dessenungeachtet hat der Anlaß durchaus die gleiche Bedeutung. Der Ästhetiker, der die Ästhetik für seine Profession hält und in seiner Profession wieder den eigentlichen Anlaß erblickt, der ist *eo ipso* verloren. Damit soll zwar keineswegs gesagt sein, daß er nicht doch manches Tüchtige leisten könne; aber das Geheimnis allen Schaffens hat er nicht erfaßt. Er ist viel zu sehr ein pelagianischer Selbstherrscher, als daß er sich in kindlichem Staunen von dem Sonderbaren erfreuen könnte, das in der Tatsache liegt, daß es gleichsam fremde Mächte sind, die das hervorbringen, von dem der Mensch glaubt, es gehöre ihm selbst: die Begeisterung nämlich und der Anlaß. Begeisterung und Anlaß gehören untrennbar zusammen; es ist eine Formation, die man oft genug in der Welt findet, daß das Große und Erhabene in seiner Gesellschaft ständig eine flinke kleine Person hat. Eine solche Person ist der Anlaß, eine Person, vor der man sonst nicht den Hut abnehmen würde, die den Mund nicht aufzumachen wagt, wenn sie in vornehmer Gesellschaft ist, sondern die schweigend dasitzt, mit einem schelmischen Lächeln, und sich in sich selbst ergötzt, ohne zu verstehen zu geben, worüber sie lächele, oder daß sie wisse, wie wichtig, wie unentbehrlich sie sei, geschweige denn, daß sie sich in einen Disput darüber einließe; denn sie weiß sehr wohl, daß es nichts nützt und daß man nur jeden Anlaß ergreift, um sie zu demütigen. Von solch zweideutiger Natur ist der Anlaß immer, und es hilft dem Menschen ebensowenig, es leugnen, sich von diesem Pfahl im Fleische befreien, wie den Anlaß auf den Thron setzen zu wollen; denn im Purpur und mit dem Zepter in der Hand nimmt er sich sehr schlecht aus, und man sieht alsbald, daß er nicht zum Herrscher geboren ist. Dieser Abweg liegt indes sehr nahe, und oft sind es die besten Köpfe, die auf ihn geraten. Wenn nämlich ein Mensch Blick genug für das Leben hat, um den Spott zu sehen, den das ewige Wesen dadurch mit dem Menschen treibt, daß etwas so Unbedeutendes und Untergeordnetes, etwas, wovon in guter Gesellschaft zu sprechen man sich fast scheut, absolut mit dazugehört, so ist er leicht versucht, ihm ins Handwerk zu pfuschen, ja diese Anzüglichkeit retorquieren zu wollen, indem er, so wie Gott der Größe des Menschen dadurch spottet, daß er ihn in das Gesetz des Anlasses schmiedet, diesen Spott in der Weise erwidert, daß er den Anlaß zu allem und das andere Moment zu einer Albernheit macht, womit denn Gott überflüssig und die Vorstellung von einer weisen Vorsehung eine Torheit wird, und der Anlaß ein Schalk, der mit Gott genauso gut wie mit den Menschen seinen Scherz treibt, so daß das ganze Dasein auf einen Scherz hinausläuft, einen Spaß, eine Scharade.

Der Anlaß ist also zugleich das Bedeutendste und das

Unbedeutendste, das Höchste und das Geringste, das Wichtigste und das Unwichtigste. Ohne Anlaß geschieht eigentlich gar nichts, und doch hat der Anlaß gar kein Teil an dem, was geschieht. Der Anlaß ist die letzte Kategorie, die eigentliche Kategorie des Übergangs von der Sphäre der Idee zur Wirklichkeit. Dies sollte die Logik bedenken. Sie mag sich noch so sehr in immanentes Denken vertiefen, sich aus dem Nichts in die konkreteste Form hinabstürzen, den Anlaß erreicht sie nie und darum auch nie die Wirklichkeit. In der Idee mag die ganze Wirklichkeit fertig sein, ohne den Anlaß wird sie niemals wirklich. Der Anlaß ist eine Kategorie der Endlichkeit, und es ist einem immanenten Denken unmöglich, seiner habhaft zu werden, dazu ist er allzu paradox. Das ersieht man auch daraus, daß das, was aus dem Anlaß hervorgeht, etwas ganz anderes ist als der Anlaß selbst, was für jedes immanente Denken eine Absurdität ist. Darum ist der Anlaß aber auch die kurzweiligste, die interessanteste, die witzigste aller Kategorien. Gleich einem Zaunkönig ist er überall und nirgends. Er geht wie die Elfen im Leben umher, unsichtbar allen Schulmeistern, deren Gebaren daher ein unerschöpflicher Stoff zum Gelächter wird für den, der an den Anlaß glaubt. Der Anlaß ist also an sich nichts und nur etwas im Verhältnis zu dem, was er veranlaßt, und im Verhältnis zu diesem ist er eigentlich nichts. Sobald nämlich der Anlaß etwas anderes wäre als nichts, so stünde er in einem relativ immanenten Verhältnis zu dem, was er hervorbringt, und wäre dann entweder Grund oder Ursache. Hält man dies nicht fest, so verwirrt sich alles wieder.

Wenn ich etwa sagen wollte, daß der Anlaß zu gegenwärtiger kleiner Besprechung eines Stückes von *Scribe* die meisterhafte Aufführung sei, die ihm zuteil wird, so würde ich die Bühnenkunst beleidigen; denn es stimmt zwar, daß ich es auch besprechen könnte, ohne eine Aufführung gesehen zu haben, ohne eine meisterhafte Aufführung gesehen zu haben, ja sogar wenn ich eine schlechte Aufführung gesehen hätte. Im letzteren Falle würde ich die schlechte Aufführung eher den Anlaß nennen können. Jetzt hingegen, da ich es in vollendeter Form aufgeführt gesehen habe, jetzt wird mir die szenische Wiedergabe weit mehr als Anlaß, sie ist mir ein überaus wichtiges zusätzliches Moment in meiner Auffassung, sei es, daß sie dazu gedient hat, meine Anschauung zu berichtigen, oder sie zu bestärken und zu sanktionieren. Meine Pietät verbietet es mir daher, die szenische Wiedergabe als Anlaß zu bezeichnen, sie verpflichtet mich, etwas mehr darin zu sehen, zu gestehen, daß ich ohne sie das Stück vielleicht nicht ganz verstanden hätte. Ich bin also nicht in dem Fall, in dem die Rezensenten kluger- oder dummerweise zumeist sind, daß sie zunächst das Stück und später gesondert die Aufführung besprechen. Für mich ist die Aufführung selbst das Stück, und ich kann mich nicht genugsam über sie freuen in rein ästhetischer Hinsicht, mich nicht genugsam über sie freuen als Patriot. Wenn ich einem Fremden unsere Bühne in ihrer vollen Glorie zeigen wollte, würde ich sagen: Gehen Sie hin und sehen Sie sich »Die erste Liebe« an. Die dänische Bühne besitzt in Frau *Heiberg*, *Frydendahl*, *Stage* und *Phister* ein vierblättriges Kleeblatt, das sich hier in der ganzen Schönheit zeigt. Ein vierblättriges Kleeblatt möchte ich diese Vereinigung von Künstlern nennen, und doch möchte ich meinen, damit zu wenig gesagt zu haben, denn ein vierblättriges Kleeblatt ist doch nur dadurch bemerkenswert, daß vier gewöhnliche Blätter an einem Stengel sitzen, unser vierblättriges Kleeblatt aber hat die Merkwürdigkeit, daß das einzelne Blatt, selbst in seiner Isolation, ebenso selten wie ein vierblättriges Kleeblatt ist, und doch bilden diese vier Blätter im Verein wieder ein vierblättriges Kleeblatt.

Jedoch, es war aus Anlaß des Anlasses zu dieser kleinen Kritik, daß ich ganz im allgemeinen etwas über den Anlaß, oder über den Anlaß im allgemeinen habe sagen wollen. Es trifft sich übrigens recht glücklich, daß ich bereits gesagt habe, was ich sagen wollte; denn je mehr ich diese Sache überlege, um so mehr überzeuge ich mich davon, daß sich im allgemeinen gar nichts darüber sagen läßt, weil es einen Anlaß im allgemeinen nicht gibt. Insofern bin ich also ungefähr genauso weit gekommen, wie ich schon war, als ich anfing. Der Leser darf mir nicht zürnen, es ist nicht meine Schuld, es ist die des Anlasses. Er könnte vielleicht denken, daß ich das Ganze hätte durchdenken müssen, ehe ich mich zum Schreiben hinsetzte, und nicht anfangen sollen, etwas zu sagen, was sich hernach als nichts erwies. Indessen glaube ich doch, daß er meinem Verfahren Recht widerfahren lassen muß, insofern als er sich auf eine überzeugendere Weise vergewissert hat, daß der Anlaß im allgemeinen etwas ist, das nichts ist. Später wird er vielleicht wieder hieran denken müssen, wenn er sich vergewissert hat, daß es noch anderes in der Welt gibt, von dem man manches sagen kann in der Vorstellung, daß es etwas sei, und das doch die Beschaffenheit hat, daß es sich, wenn man es gesagt hat, als nichts erweist. Was hier also gesagt worden ist, muß als eine Überflüssigkeit betrachtet werden, als ein überflüssiges Titelblatt, das beim Einbinden des Werkes nicht mitgebunden wird. Ich weiß daher nicht anders zu schließen als auf die unvergleichlich lakonische Art, auf die Prof. *Poul Møller*, wie ich sehe, die Einleitung seiner vortrefflichen Besprechung der »Extreme« beschließt: Hiermit ist die Einleitung zu Ende.

Was den speziellen Anlaß gegenwärtiger kleiner Kritik betrifft, so steht er in Beziehung zu meiner unbedeutenden Persönlichkeit und darf sich dem Leser also mit der normalen Eigenschaft empfehlen, daß er unbedeutend ist. *Scribes* Stück »Die erste Liebe« hat auf mancherlei Weise mein persönliches Leben berührt und durch diese Berührung gegenwärtige Besprechung veranlaßt, die somit in strengstem Sinne ein Kind des Anlasses ist. Auch ich war einmal jung, war ein Schwärmer, war verliebt. Das Mädchen, das der Gegenstand meiner Sehnsüchte war, kannte ich schon von früher her, aber unsere verschiedenen Lebensverhältnisse brachten es mit sich, daß wir einander nur selten sahen. Dagegen dachten wir um so häufiger aneinander. Diese gegenseitige Beschäftigung miteinander näherte und entfernte uns zugleich. Wenn wir uns nämlich sahen, war unser Verhältnis so schüchtern, so verschämt, daß wir einander weit ferner waren, als wenn wir uns nicht sahen. Wenn wir dann wieder getrennt waren und das Unangenehme dieser gegenseitigen Ängstlichkeit vergessen war, so bekam es seine volle Bedeutung, daß wir einander gesehen hatten, so fingen wir in unseren Träumen genau dort an, wo wir aufgehört hatten. So verhielt es sich wenigstens mit mir, und später erfuhr ich, daß es der Geliebten ebenso ergangen war. Mit der Heirat war es bei mir noch im weiten Felde; unsere Beziehung begegnete andererseits keinerlei Hindernissen, die uns hätten aufreizen können, und so waren wir denn auf die unschuldigste Art von der Welt verliebt. Bevor die Rede davon sein konnte, daß ich meine Gefühle erklärte, mußte ein reicher Onkel, dessen einziger Erbe ich war, sterben. Auch das dünkte mich schön; denn in all den Romanen und Komödien, die ich kannte, fand ich den Helden in einer ähnlichen Lage, und ich erfreute mich an dem Gedanken, daß ich eine poetische Figur sei. So floß mein schönes poetisches Leben dahin, da sehe ich eines Tages in der Zeitung, daß ein Stück aufgeführt werden soll, betitelt: »Die erste Liebe«. Ich wußte gar nicht, daß ein solches Stück existierte, aber der Titel machte mir Freude, und mein Entschluß war gefaßt, ins Theater zu gehen. Die erste Liebe – dachte ich – das ist gerade der Ausdruck für deine Gefühle. Hab' ich je eine andere geliebt als sie, geht meine Liebe nicht bis in meine früheste Erinnerung zurück, werde ich mir jemals vorstellen können, eine andere zu lieben oder sie mit einem andern verbunden zu sehen? Nein, sie wird meine Braut, oder ich heirate nie. Darum ist das Wort: »die erste« so schön. Es deutet das Ursprüngliche in der Liebe an, denn von der ersten Liebe spricht man nicht in numerischem Sinne. Der Dichter hätte ebensogut sagen können: Die wahre Liebe, oder es folgendermaßen betitelt haben: Die erste Liebe ist die wahre Liebe. Dieses Stück wird mir nun helfen, mich zu verstehen, es wird mir Anlaß geben, einen tiefen Blick in mich selbst zu tun; darum heißen die Dichter Priester, weil sie das Leben erklären, aber von der Menge werden sie nicht verstanden werden, sondern nur von jenen Naturen, die ein Herz haben, zu fühlen. Für sie ist der Dichter ein begeisterter Sänger, der überall Schönheit aufzeigt, insonderheit aber von der der Liebe zeugt. Dieses Stück wird durch seine poetische Kraft die Liebe in meiner Brust zum Erblühen bringen, so daß ihre Blüte mit einem Knall sich öffnet wie die einer Passionsblume. Ach, damals war ich noch sehr jung! Ich verstand kaum, was ich sagte, und doch fand ich es gut gesagt. Mit einem Knall muß die Blüte der Liebe sich öffnen, das Gefühl will wie Champagner mit Macht seinen Riegel sprengen. Es war ein kecker Ausdruck, voller Leidenschaft, und ich war recht froh darüber. Und doch, es war gut gesagt, was ich sagte, denn ich meinte, sie müsse sich öffnen wie eine Passionsblume. Dies war das Gute an der Bemerkung, denn die Liebe öffnet sich gewöhnlich durch die Ehe, und sofern man diese eine Blume nennen will, kann man sie treffend eine Passionsblume nennen. Doch, zurück zu meiner Jugend! Der Tag, an dem das Stück aufgeführt werden sollte, war da, ich hatte eine Eintrittskarte bekommen, meine Seele war festlich gestimmt, und mit einer gewissen Unruhe, froh und erwartungsvoll, eilte ich ins Theater. Indem ich zur Tür hereintrete, werfe ich einen Blick zum ersten Rang hinauf, was sehe ich? Meine Geliebte, meines Herzens Herrscherin, mein Ideal, sie sitzt dort.

Unwillkürlich zog ich mich einen Schritt ins Dunkel des Parketts zurück, um sie zu betrachten, ohne gesehen zu werden. Wie kam sie hierher, heute noch mußte sie in die Stadt gekommen sein, und ich wußte es nicht, und jetzt hier im Theater. Sie würde dasselbe Stück sehen. Das war kein Zufall, eine Fügung war es, ein Wohlwollen des blinden Gottes der Liebe. Ich trat vor, unsere Blicke trafen sich, sie bemerkte mich. Es konnte keine Rede davon sein, sich vor ihr zu verbeugen, mit ihr zu konversieren, kurz es gab nichts, was mich in Verlegenheit hätte bringen können. Meine Schwärmerei machte sich ungehindert Luft. Wir begegneten uns auf halbem Wege, als verklärte Wesen reichten wir uns die Hand, wir schwebten als Geister, als Genien in der Welt der Phantasie. Ihr Auge ruhte schmachtend auf mir, ein Seufzer hob ihre Brust, er galt mir, mir gehörte sie, das spürte ich. Und doch wünschte ich nicht, zu ihr hinaufzustürzen, mich ihr zu Füßen zu werfen, das hätte mich in Verlegenheit gebracht, aber so aus der Ferne empfand ich, wie schön es sei, sie zu lieben und hoffen zu dürfen, geliebt zu werden. Das Vorspiel war vorüber. Der Kronleuchter hob sich, mein Auge verfolgte seine Bewegung, zum letzten Male warf er seinen Schein auf den ersten Rang und auf sie. Eine Dämmerung breitete sich aus, diese Beleuchtung dünkte mich noch schöner, noch schwärmerischer. Der Vorhang rollte hoch. Noch einmal war es mir, als schaute ich in einen Traum, als ich nach ihr blickte. Ich drehte mich um, das Stück begann. An sie nur wollte ich denken und an meine Liebe; alles, was da zu Ehren der ersten Liebe gesagt würde, wollte ich auf sie und mein Verhältnis zu ihr beziehen. Es war vielleicht niemand im ganzen Theater, der des Dichters göttliche Rede so verstünde wie ich – und vielleicht sie. Schon der Gedanke an den mächtigen Eindruck machte mich stärker, ich fühlte Mut, am folgenden Tage meine geheimen Gefühle hervorbrechen zu lassen, die ihre Wirkung auf sie unmöglich verfehlen konnten, durch eine leise Hindeutung würde ich sie daran erinnern, was wir an diesem Abend gehört und gesehen hatten, und so sollte der Dichter mir zu Hilfe kommen, um sie empfänglicher, mich stärker und beredter zu machen denn je. – Ich sah und hörte – und hörte – und der Vorhang fiel. Der Kronleuchter verließ wieder sein himmlisches Versteck, die Dämmerung wich, ich schaute hinauf – die jungen Mädchen sahen alle so vergnügt aus, auch meine Geliebte, die Tränen standen ihr in den Augen, so kräftig hatte sie gelacht, ihr Busen bewegte sich noch unruhig, das Gelächter hatte die Oberhand gewonnen. Zum Glück war es mir ebenso ergangen. Am nächsten Tage sahen wir uns bei meiner Tante. Die scheue Verlegenheit, mit der wir sonst in einem Zimmer zusammen zu sein pflegten, war verflogen, eine gewisse joviale Freude war an deren Stelle getreten. Wir lächelten uns ein wenig an, wir hatten uns verstanden, und das verdankten wir dem Dichter. Darum nennt man den Dichter einen Weissager, weil er über das Zukünftige weissagt. Es kam zu einer Erklärung. Das Voraufgegangene ganz zu vernichten, konnten wir uns jedoch nicht entschließen. So verbanden wir uns denn durch ein heiliges Gelübde. Wie Emmeline und Charles einander geloben, den Mond zu betrachten, so gelobten wir uns, dieses Stück uns jedesmal anzusehen, wenn es aufgeführt würde. Ich habe mein Gelübde treulich gehalten. Ich habe es auf dänisch, auf deutsch, auf französisch gesehen, im Ausland und hier bei uns, und nie bin ich seines unversieglichen Witzes müde geworden, dessen Wahrheit niemand besser versteht als ich. Das wurde der erste Anlaß zu gegenwärtiger kleiner Kritik. Dadurch, daß ich es so oft sah, wurde ich in bezug auf dieses Stück schließlich produktiv. Indessen blieb diese Produktivität doch zum Teil in meinem Kopf liegen, und nur vereinzelte Bemerkungen wurden aufgezeichnet. Dieser Anlaß kann somit als Anlaß zu der ideellen Möglichkeit dieser Kritik betrachtet werden.

Weiter wäre ich vermutlich nicht gekommen, wenn nicht ein neuer Anlaß hinzugetreten wäre. Vor einigen Jahren wandte sich ein Redakteur einer unserer Zeitschriften an mich mit dem Verlangen, ihm einen kleinen Artikel zu liefern. Er war im Besitz einer ungewöhnlichen Beredsamkeit, um Seelen zu fangen, und fing auch mich in einem Versprechen. Dieses Versprechen war auch ein Anlaß; aber es war ein Anlaß im allgemeinen und daher nur von wenig hilfreicher Wirkung auf mich. Ich befand mich in einer Verlegenheit ähnlich der, in welcher ein Kandidat sich befände, wenn man ihm die ganze Bibel gäbe, damit er sich selber seinen Text wähle. Durch mein Versprechen war ich jedoch gebunden. Mit vielen anderen Gedanken, aber auch mit dem Gedanken an mein Versprechen trat ich einen kleinen Ausflug auf Seeland an. Als ich zu der Station gekommen war, auf der ich zu übernachten gedachte, ließ ich, was ich nie zu versäumen pflegte, den Diener alles an Büchern bringen, was der Wirt auftreiben konnte. Ich pflege diese Gewohnheit stets zu beachten und habe schon manchen Nutzen davon gehabt, weil man ganz zufällig auf Dinge stößt, die einem sonst vielleicht entgehen würden. Das war hier jedoch nicht der Fall, denn das erste Buch, das man mir brachte, war – »Die erste Liebe«. Es überraschte mich, denn das Theaterrepertoire sieht man auf dem Lande nur selten. Doch ich hatte den Glauben an die erste Liebe ja verloren und glaube nie mehr an das Erste. Im nächsten Ort besuchte ich einen meiner Freunde. Er war ausgegangen, als ich kam; man bat mich zu warten und führte mich in sein Arbeitszimmer. Wie ich an seinen Arbeitstisch trete, finde ich ein Buch aufgeschlagen – es ist *Scribes* »Theater«, und aufgeschlagen ist *Les premières amours*. Nun schien das Los gefallen. Ich entschloß mich, mein Versprechen einzulösen und eine Besprechung dieses Stückes zu schreiben. Um meinen Entschluß unerschütterlich zu machen, muß es sich so sonderbar treffen, daß meine alte Liebe, meine erste Liebe, die dort in der Gegend wohnte, in die Stadt gekommen ist, nicht in die Hauptstadt, sondern in die kleine Stadt, in der ich war. Seit längerer Zeit hatte ich sie nicht gesehen und fand sie jetzt verlobt, glücklich und froh, daß es mir ein Vergnügen war, sie anzusehen. Sie erklärte mir, daß sie mich doch nie geliebt habe, sondern daß ihr Verlobter ihre erste Liebe sei, und darauf erzählte sie dieselbe Geschichte wie Emmeline, daß nur die erste Liebe die wahre ist. Wäre mein Entschluß nicht schon vorher fest gewesen, jetzt wäre er es geworden. Ich mußte doch sehen, was die erste Liebe bedeutet. Meine Theorie begann zu wanken, denn »meine erste Liebe« war unerbittlich in dem Punkt, daß ihre jetzige Liebe die erste sei.

Es gab Motive genug; die Abhandlung wurde fertig bis auf den letzten Satz und ein paar einzelne Zwischensätze, die hie und da noch eingeschoben werden sollten. Mein Freund, der Redakteur, bedrängte mich sehr und hielt mir mein Versprechen mit einer Hartnäckigkeit vor, die selbst einer Emmeline Ehre gemacht hätte. Ich erklärte ihm, die Abhandlung sei fertig, es fehlten nur noch ein paar Kleinigkeiten, und er bezeigte mir seine Zufriedenheit. Mit der Zeit aber verwandelten diese Mücken sich in Elefanten, in unübersteigliche Schwierigkeiten. Es kam hinzu, daß ich während des Schreibens ganz vergessen hatte, daß es gedruckt werden sollte. Auf diese Weise hatte ich bereits mehrere kleine Abhandlungen geschrieben, aber nie etwas drucken lassen. Er wurde des Geredes, daß ich fertig sei, überdrüssig, wenn er doch das Manuskript nicht bekommen konnte. Ich wurde seiner ewigen Mahnungen überdrüssig und wünschte, der Teufel möge alle Versprechen holen. Da ging seine Zeitschrift aus Mangel an Subskribenten ein, und ich dankte den Göttern, ich fühlte mich wieder leicht, durch kein Versprechen mehr beengt.

Dies war der Anlaß, daß diese Kritik zur Welt kam, für mich selbst als eine Wirklichkeit, für meinen Freund, den Redakteur, als eine Möglichkeit, eine Möglichkeit, die sich später jedoch in eine Unmöglichkeit verwandelte. Wieder verging so ein Jahr, und in dieser Zeit war ich genau ein Jahr älter geworden. Das ist nun zwar nicht weiter merkwürdig; denn wie es mir erging, so erging es vermutlich den meisten anderen auch. Aber *ein* Jahr kann zuweilen mehr zu bedeuten haben als ein anderes, mehr zu bedeuten, als daß man ein Jahr älter wird. Das war hier der Fall. Am Ende jenes Jahres befand ich mich in einem neuen Abschnitt meines Lebens, in einer neuen Welt der Illusion, wie sie nur jungen Männern zuteil wird. Wenn man nämlich zur »Sekte der Leser« gehört, wenn man sich auf die eine oder andere Weise als ein fleißiger und aufmerksamer Leser distinguiert, so wächst bei andern die Wahrscheinlichkeit dafür, daß möglicherweise doch ein bißchen Schriftsteller aus einem wird, denn es ist so, wie Hamann sagt: »Aus Kindern werden Leute, aus Jungfern werden Bräute, aus Lesern werden Schriftsteller.« Jetzt fängt ein rosenfarbenes Leben an, das viel Ähnlichkeit mit der ersten Jugend eines Mädchens hat. Redakteure und Verleger fangen an, die Kur zu schneiden. Es ist eine gefährliche Periode, denn die Rede der Redakteure ist sehr verführerisch, und bald ist man in ihrer Gewalt, aber sie betrügen uns arme Kinder nur, und dann, ja dann ist es zu spät. Hüte dich also, junger Mensch, geh nicht zu viel in Konditoreien und Restaurants; denn dort spannen die Redakteure ihre Netze. Und wenn sie dann einen jungen unschuldigen Menschen sehen, der frisch von der Leber weg redet, wie's ihm gerade in den Sinn kommt, der keine Vorstellung davon hat, ob auch etwas daran ist, was er sagt, oder nicht, sondern sich nur daran erfreut, die Rede frei dahinströmen zu lassen, sein Herz beim Sprechen klopfen zu hören, klopfen zu hören in dem Gesagten, da tritt eine dunkle Gestalt auf ihn zu, und diese Gestalt ist ein Redakteur. Er hat ein feines Ohr, er hört sofort, ob das, was gesagt wird, sich gedruckt ausnimmt oder nicht. Da führt er das junge Blut in Versuchung, er zeigt ihm das Unverantwortliche, das darin liegt, seine Perlen so wegzuwerfen, er verspricht ihm Geld, Macht, Einfluß, sogar bei dem schönen Geschlecht. Das Herz ist schwach, die Worte des Redakteurs sind schön, und bald ist er gefangen. Nun sucht er nicht mehr die einsamen Orte auf, um zu seufzen, er eilt nicht fröhlich hin zum Tummelplatz der Jugend, um sich im Reden zu berauschen, er ist schweigsam, denn wer schreibt, der redet nicht. Bleich und kalt sitzt er in seinem Arbeitszimmer, er verfärbt sich nicht beim Kuß der Idee, er errötet nicht wie die junge Rose, wenn der Tau in ihren Kelch sinkt, er hat kein Lächeln, keine Träne, ruhig folgt das Auge dem Gang der Feder über das Papier, denn er ist Schriftsteller und nicht mehr jung.

Auch meine Jugend ist Anfechtungen dieser Art ausgesetzt gewesen. Doch glaube ich mir selbst das Zeugnis geben zu dürfen, daß mein Widerstand unerschrocken war. Was mir geholfen hat, ist die Tatsache, daß ich schon in sehr jungen Jahren meine Erfahrung gemacht habe. Der Redakteur, der mein erstes Versprechen empfing, war sehr freundlich gegen mich, aber dennoch schien es mir immer, als würde mir eine Gunst, eine Ehre damit zuteil, daß man einen Artikel von meiner Hand annehmen wollte, als zeigte man unter der jungen Mannschaft auf mich und sagte: Mit der Zeit kann schon etwas aus ihm werden, laß ihn sich versuchen, es ist eine Ermunterung für ihn, daß man ihm diese Ehre erweist. Die Versuchung war also nicht so groß, und doch lernte ich alle die entsetzlichen Folgen eines Versprechens kennen. Für einen jungen Menschen war ich also gegen die Versuchung ungewöhnlich gut gerüstet und wagte es daher ziemlich häufig, in Konditoreien und Restaurationen zu verkehren. Die Gefahr mußte also von anderer Seite kommen, und sie blieb auch nicht aus. Es trifft sich, daß einer meiner Konditoreibekannten sich entschließt, Redakteur zu werden; seinen Namen wird man auf dem Titelblatt dieser Zeitschrift finden. Kaum hatte er diese Idee gefaßt und das Nötige mit dem Verleger verabredet, als er sich eines Abends an seinen Schreibtisch setzt und die ganze Nacht hindurch an alle möglichen Menschen – Briefe schreibt mit der Bitte um Beiträge. Solch einen Brief, in den verbindlichsten Ausdrücken abgefaßt, voll der glänzendsten Aussichten, empfing auch ich. Indessen leistete ich mutigen Widerstand, versprach ihm aber dagegen, ihm in jeder Weise zu Diensten zu sein, indem ich in den eingesandten Artikeln ein wenig hinzufügte oder ein wenig wegstriche. Er selbst arbeitete unverdrossen an dem ersten Artikel, der die Zeitschrift eröffnen sollte. Er war damit so gut wie fertig und hatte nun die Güte, ihn mir zu zeigen. Wir verbrachten einen sehr angenehmen Vormittag, er schien mit meinen Bemerkungen zufrieden, änderte dies und jenes. Die Stimmung war vorzüglich, wir aßen Obst, Konfitüren und tranken Champagner, er vergnügte sich mit seinem Artikel, ich schien ihn mit meinen Beobachtungen zu befriedigen, da will es mein Unstern, daß ich, indem ich mich vorbeuge, um mir eine Aprikose zu nehmen, das

Tintenfaß über das ganze Manuskript kippe. Mein Freund wurde wie rasend. »Nun ist alles verdorben; das erste Heft meiner Zeitschrift erscheint nicht zur bestimmten Zeit, mein Kredit ist hin, die Subskribenten fallen ab, du weißt nicht, welche Mühe man hat, Subskribenten zu bekommen, und wenn man sie dann hat, so sind sie doch wie Söldnertruppen treulos und nehmen jede Gelegenheit wahr, einem zu entwischen. Alles ist verloren, es bleibt nichts anderes übrig, du mußt einen Artikel liefern. Ich weiß, du hast Manuskripte liegen, weshalb willst du sie nicht drucken lassen, du hast ja deine Kritik über die erste Liebe, gib sie mir, ich werde sie fertig machen; ich bitte dich, ich beschwöre dich bei unserer Freundschaft, bei meiner Ehre, bei der Zukunft der Zeitschrift.«

Er bekam den Artikel, und so wurde mein Tintenfaß also der Anlaß, daß meine kleine Kritik eine Wirklichkeit wurde, die nun – ich sage es mit Grausen – *publici juris* ist.

Wollte man mit wenigen Worten das Verdienst der modernen, zumal der *Scribeschen* Komödie im Verhältnis zur älteren andeuten, so könnte man es vielleicht folgendermaßen ausdrücken: der persönliche Gehalt der poetischen Figur wird dem Dialog kommensurabel, die Ergüsse des Monologs werden überflüssig; der Gehalt der dramatischen Handlung wird der Situation kommensurabel, novellistische Aufklärungen werden überflüssig; der Dialog endlich wird vernehmbar in der Durchsichtigkeit der Situation. Es sind also keinerlei Aufklärungen nötig, um den Zuschauer zu orientieren, keine Pausen im Drama, um Winke und Berichte zu geben. So geht es im Leben zu, wo man alle Augenblicke erklärender Anmerkungen bedarf; in der Poesie aber sollte es so nicht zugehen. Der Zuschauer kann also sorglos genießen, ungestört das dramatische Leben einsaugen. Indem aber das neuere Drama solchermaßen weniger Selbsttätigkeit vom Zuschauer zu verlangen scheint, verlangt es doch in anderer Beziehung vielleicht mehr, oder richtiger gesagt: Es verlangt es nicht, rächt es aber, wenn man es vergißt. Je unvollkommener die dramatische Form oder der Bau des Dramas ist, um so häufiger wird der Zuschauer aus seinem Schlaf aufgestört, sofern er schläft. Wenn man auf einer schlechten Landstraße hin und her gerüttelt wird, wo bald der Wagen gegen einen Stein stößt, bald die Pferde im Gestrüpp hängenbleiben, so hat man zum Schlafen keine gute Gelegenheit. Ist die Straße hingegen eine schöne bequeme Chaussee, so mag man recht Zeit und Gelegenheit haben, sich umzusehen, aber auch ungenierter in Schlaf zu fallen. Ebenso mit dem neueren Drama, alles geschieht so leicht und schnell, daß dem Zuschauer, wenn er nicht etwas Attention mitbringt, manches verlorengeht. Zwar ist es wahr, daß ein Fünfakter der älteren und ein Fünfakter der neueren Komödie gleich lange dauern; die Frage bleibt jedoch immer, ob auch gleich viel geschieht.

Diese Untersuchung weiter auszuführen, könnte zwar von Interesse sein, nicht aber für diese Besprechung; es detaillierter in *Scribes* »Theater« nachzuweisen, könnte zwar seinen Sinn haben, doch glaube ich, daß die genauere Behandlung des kleinen Meisterwerkes, das Gegenstand gegenwärtiger Betrachtung ist, genügen wird. Ich möchte um so lieber bei gegenwärtigem Stück verweilen, als man nicht leugnen kann, daß man in anderen Dramen *Scribes* bisweilen die vollkommene Korrektheit vermißt, indem die Situation schläfrig und der Dialog einseitig geschwätzig wird. »Die erste Liebe« hingegen ist ein Stück ohne Fehler, so vollendet, daß es allein schon *Scribe* unsterblich machen müßte.

Wir wollen zunächst die Personen dieses Stückes in ihrer Einzelheit betrachten, um später zu sehen, wie der Dichter es verstanden hat, ihre Individualitäten in Dialog und Situation offenbar werden zu lassen, und zwar ungeachtet dessen, daß das ganze Stück nur eine Skizze ist.

Dervière, ein reicher Eisengießer und Witwer, hat nur eine einzige Tochter, »eine kleine Jungfer von sechzehn Jahren«. Jedes billige Verlangen von ihm, für einen braven und honetten Mann, der viel Geld hat, gehalten zu werden, wird man respektieren müssen, wohingegen jeder Versuch, ein Mann zu sein, ein Vater zu sein, »der keinen Spaß versteht«, als mißlungen betrachtet werden muß. Dieser Versuch scheitert auch an seiner Tochter, ohne deren Einwilligung und Beifall er kaum wagen darf, sich für ein Vernunftwesen zu halten. »Sie geht bei ihm mit Holzschuhen aus und ein«, und er bekundet eine ungewöhnliche Veranlagung, Spaß zu verstehen, da ihre Laune mit seiner väterlichen Würde in einem fort Blindekuh spielt.

Seine einzige Tochter *Emmeline* ist jetzt sechzehn Jahre alt. Ein nettes, reizendes kleines Mädchen, aber eine Tochter Dervières und erzogen von Tante Judithe. Diese hat sie mit Romanen erzogen und gebildet, und des Vaters Reichtum hat es ermöglicht, diese Bildung von der Wirklichkeit des Lebens unbeeinträchtigt zu bewahren. Alles im Hause gehorcht ihrer Laune, deren Unbeständigkeit man unter anderem aus dem Monolog des Dieners Lapierre in der dritten Szene ersehen kann. Mit Judithes Bildung hat sie ohne sonderliche Kenntnis von der Welt im Hause des Vaters gelebt und nicht die Gelegenheit entbehrt, sich in ein Gewebe von Sentimentalität einzuspinnen. Sie ist mit ihrem Vetter *Charles* erzogen worden, er war ihr Spielgefährte, ihr alles, die nötige Ergänzung zu den Romanen der Tante. Mit ihm hat sie das Gelesene durchgenommen, auf ihn hat sie alles übertragen, als er sie schon in sehr jungem Alter verließ. Ihre Wege trennten sich, sie leben jetzt fern voneinander, nur durch »ein heiliges Gelübde« vereint.

Die Roman-Bildung hat Charles mit seiner Cousine gemein, die Lebensumstände hingegen nicht. In einem sehr jungen Alter wird er in die Welt hinausgeschickt, hat nur 3000 Francs jährlich (vgl. sechste Szene) und sieht sich also bald gezwungen, seine Bildung nach Möglichkeit in der Welt zu verwerten. Seine diesbezüglichen Bemühungen scheinen keinen rechten Erfolg gehabt zu haben, bald hat die Wirklichkeit ihn und seine Theorien *in absurdum* reduziert, der hoffnungsvolle Charles ist ein liederlicher Bursche geworden, ein verunglücktes Subjekt, ein verfehltes Genie. Eine derartige Figur ist an sich von so großer dramatischer Wirkung, daß es unbegreiflich ist, warum man sie so selten verwendet sieht. Ein Stümper von Bühnendichter wird indessen leicht versucht sein, sie völlig abstrakt aufzufassen: als ein verunglücktes Subjekt überhaupt. Nicht so geht es *Scribe*, aber der ist auch kein Stümper, sondern ein Virtuos. Damit eine solche Figur interessiere, muß man immer ahnen, wie alles gekommen ist; sie hat nämlich im strengeren Sinne als andere Menschen eine Präexistenz. Diese muß man noch in seiner Verfehltheit erkennen und somit die Möglichkeit seiner Depravation sehen. Das ist jedoch nicht so leicht getan wie gesagt, und man kann die Virtuosität nicht genug bewundern, mit der Scribe es sichtbar zu machen weiß, nicht in ewigem Monolog, sondern in der Situation. Charles ist vielleicht überhaupt eine der genialsten Figuren, die Scribe auf die Bühne gebracht hat; jede seiner Repliken ist Gold wert, und doch hat der Dichter ihn nur als eine flüchtige Skizze hingeworfen. Charles ist keine Abstraktion, kein neuer Charles, sondern man begreift sofort, wie es gekommen ist, man sieht in ihm die Konsequenz aus den Prämissen seines Lebens.

Die Frucht der Roman-Bildung kann eine zwiefache sein. Entweder vertieft das Individuum sich mehr und mehr in die Illusion, oder es macht sich davon frei und verliert den Glauben an die Illusion, gewinnt dafür aber den Glauben an die Mystifikation. In der Illusion ist das Individuum sich selbst verborgen, in der Mystifikation ist es anderen verborgen, beides aber ist die Folge einer Romanbildung. Einem Mädchen liegt es am nächsten, sich in die Illusion zu vertiefen, wie der Dichter es auch mit Emmeline hat gehen lassen, und ihr Leben ist in dieser Hinsicht begünstigt. Anders mit Charles. Er hat die Illusion verloren; aber obgleich auf mancherlei

Weise von der Wirklichkeit in die Enge getrieben, hat er doch seine Romanbildung nicht gänzlich verschwitzt. Er glaubt, er kann mystifizieren. Wenn daher Emmeline von Sympathien spricht, die weit über des Vaters Verstand gehen, so hört man gleich die Romanleserin heraus; in Charles' Repliken aber findet man nicht minder korrekt Reminiszenzen seiner Bildung. Er traut sich eine ungewöhnliche Gabe der Mystifizierung zu; dieser Glaube an die Mystifikation aber ist ebenso romantisch wie Emmelines Schwärmerei. »Nach achtjährigem Umherirren kehrt er inkognito zurück; er hat natürlichen Verstand und Kenntnisse und weiß, daß es fünf oder sechs Arten gibt, das Herz eines Onkels zu rühren; die Hauptsache ist jedoch, daß man unbekannt ist, das ist eine unerläßliche Bedingung.« Man hört sofort den Romanhelden heraus. Daß Charles sich genügend Geschicklichkeit zutraut, so einen Ölgötzen wie seinen Onkel zum Narren zu halten, wäre ganz in der Ordnung; aber das ist es gar nicht, worauf Charles reflektiert, er spricht von Onkeln im allgemeinen, von fünf, sechs Mitteln im allgemeinen und von der Bedingung im allgemeinen, daß man unbekannt sein muß. Sein Glaube an die Mystifikation ist also ebenso phantastisch wie Emmelines Illusion, und in beiden erkennt man Judithes Schule wieder. Von Charles' Überspanntheit in dieser Hinsicht erhält man einen guten Begriff dadurch, daß er ungeachtet all dieser vorzüglichen Theorien nicht fähig ist, auch nur den kleinsten eigenen Gedanken zu fassen, und sich von dem nichts weniger als schwärmerischen *Rinville* raten lassen muß. Sein Glaube an die Mystifikation ist also ebenso unfruchtbar wie der Emmelines an die Illusion, und daher hat denn auch der Dichter beide zu dem gleichen Resultat kommen lassen, nämlich zu dem Gegenteil dessen, wozu sie sich hinzuarbeiten meinten, denn Emmelines Sympathie und Charles' Mystifikation bewirken gerade das Gegenteil von dem, was sie ihrer Meinung nach bewirken müssen. Dies werde ich später darlegen.

Obgleich nun Charles auf Kosten der Illusion den Glauben an das Mystifizieren gewonnen hat, so hat er doch etwas von jener zurückbehalten, und das ist das zweite, woran man in dem verunglückten Charles Judithes Schüler und Emmelines Spielgefährten wiedererkennt. Sein eigenes Leben weiß er trotz allem Elend und aller Unbedeutendheit in einer romantischen Verklärung aufzufassen. Er betrachtet seine Jugend, da er in die Welt hinauszog als »ein höchst liebenswürdiger Kavalier, ein junger Mann von bestem Ton, voll Feuer und Leben und Grazie, großen Nachstellungen durch das weibliche Geschlecht ausgesetzt«. Selbst die Geschichte mit Pamela hat in seinen Augen ein romantisches Aussehen, obwohl der Zuschauer sehr wohl ahnt, daß Charles eigentlich zum Narren gehalten worden ist. Man wird leicht erkennen, warum ich die Mystifikation zu dem für Charles Vorherrschenden gemacht habe; denn die Illusion, in der er sich befindet, ist eigentlich eine Illusion über seine Begabung zum Mystifizieren. Man sieht hier wiederum den Romanhelden. Es liegt eine unvergleichliche Wahrheit in Charles. Im Verhältnis zu den Leuten im allgemeinen hat so ein verunglücktes Subjekt etwas Vornehmes, es ist von der Idee berührt, seinem Gehirn sind phantastische Vorstellungen nicht unbekannt. Eine derartige Figur ist darum recht eigentlich komisch, weil ihr Leben im Bereich des Allgemeinen liegt, in der Erbärmlichkeit, und doch meint solch ein Mensch das Außerordentliche zu vollbringen. Er glaubt, die Geschichte mit Pamela sei ein »Abenteuer«, und doch schöpft man den Verdacht, ob nicht vielmehr sie es sei, die ihn an der Nase herumgeführt hat, man ist fast versucht zu glauben, daß er unschuldiger sei, als er selbst meint, daß Pamela andere Gründe gehabt habe, ihn »mit der Schneiderschere« zu erschrecken, als ihre gekränkte Liebe, ja daß diese Gründe wohl gar außerhalb seines Verhältnisses zu ihr gelegen haben.

Schließlich erkennt man in dem verunglückten Subjekt den ursprünglichen Charles an einer possenhaften Rührung wieder, einer Weichheit, die an große Gefühle glaubt und von ihnen bewegt wird. Als er hört, der Onkel habe den Wechsel bezahlt, ruft er aus: »Ja, die Bande der Natur und des Blutes sind heilig«*. Er ist wirklich bewegt, sein romantisches Herz ist gerührt, sein Gefühl macht sich Luft, er wird schwärmerisch! »Ja, dacht' ich's nicht, entweder man hat einen Onkel oder man hat keinen.« Es ist keine Spur von Ironie in ihm, es ist die fadeste Sentimentalität; darum aber ist

---

* Falls der Leser sehr in dem Stück bewandert ist, wird er Gelegenheit gehabt haben, sich an dem poetischen Zufall zu erfreuen, der will, daß *Rinville* in der ersten Szene, in der er sich als *Charles* gibt, ihn so poetisch wahr reproduziert, daß seine Rede zu einer Art Bauchreden von unendlich komischer Wirkung wird, weil es ist, als sähe und hörte man den sentimental-benebelten Charles bewegt diese Worte deklamieren: »Ist denn des Blutes Stimme nur eine Einbildung? Spricht sie nicht zu Ihrem Herzen? Sagt Sie Ihnen nicht, mein teuer Onkel...« (vgl. sechste Szene).

die komische Wirkung im Stück unendlich. Als die Cousine den Vater für den vermeintlichen Charles um Verzeihung bittet, ruft er gerührt, mit Tränen in den Augen, aus: O, die gute Cousine! Er hat den Glauben nicht ganz verloren, daß es im Leben wie im Roman edle weibliche Seelen gibt, deren erhabene Resignation einem nur Tränen abpressen kann. Dieser Glaube erwacht jetzt mit seiner alten Schwärmerei.

Ich habe mit Fleiß etwas länger bei Charles verweilt, weil er von der Hand des Dichters eine so vollendete Figur ist, daß ich glaube, ich könnte ein ganzes Buch über ihn schreiben, indem ich lediglich an seine Repliken anknüpfe. Man glaubt vielleicht, Emmeline sei die Sentimentale und Charles hingegen sei aus der Welt klug geworden? Keineswegs. Eben darin liegt *Scribes* unendlicher Witz, daß Charles auf seine Weise ebenso sentimental ist wie Emmeline, so daß die beiden sich einer wie der andere als Schüler der Tante Judithe erweisen.

Der alte Dervière, seine Tochter und Charles bilden nun gemeinsam eine völlig phantastische Welt, mögen sie auch in anderem Sinne alle aus dem Leben gegriffene Figuren sein. Diese Welt soll in Beziehung zur Wirklichkeit gebracht werden, und das geschieht durch Herrn *Rinville*. Rinville ist ein gebildeter junger Mann, der viel im Ausland gereist ist. Er ist in dem Alter, in dem es angebracht erscheinen könnte, durch eine Heirat einen fürs ganze Leben entscheidenden Schritt zu unternehmen. Er hat diese Sache bei sich erwogen und seinen Blick auf Emmeline geheftet. Er versteht sich zu gut auf die Welt, um schwärmerisch zu sein, seine Heirat ist ein wohlüberlegter Schritt, zu dem er sich aus mehreren Gründen entschließt. Erstens ist das Mädchen reich und gewährt Aussicht auf eine jährliche Rente von 50000 Francs; zweitens besteht ein freundschaftliches Verhältnis zwischen dem Vater des Mädchens und seinem Vater; drittens hat er im Scherz geäußert, er werde diese spröde Schönheit schon besiegen; viertens ist es wirklich ein liebenswürdiges Mädchen. Dieser Grund kommt zuletzt, er ist eine später hinzugekommene Anmerkung.

Wir haben somit die einzelnen Kräfte des Stückes betrachtet und gehen nun zu der Untersuchung über, wie diese zueinander in Beziehung gesetzt werden müssen, um dramatisches Interesse zu gewinnen. Dabei wird man so recht Gelegenheit haben, *Scribe* zu bewundern. Das Stück muß auf *Emmeline* angelegt werden, darüber kann kein Zweifel bestehen. Emmeline ist überhaupt gewohnt zu herrschen, es ist daher in der Ordnung, daß sie auch im Stück die Dominierende ist. Sie besitzt alle nur möglichen Eigenschaften, um eine Heldin zu werden, jedoch nicht substantiell, sondern in negativem Sinne. Sie ist also komisch, und durch sie das Stück ein Lustpiel. Sie ist zu herrschen gewohnt, wie es sich für eine Heldin geziemt, aber das, was sie beherrscht, ist ein Narr von einem Vater, Dienstboten usw. Sie hat Pathos, aber da dessen Inhalt Unsinn ist, so ist ihr Pathos wesentlich Geschwätz; sie hat Leidenschaft, aber da deren Inhalt ein Phantom ist, so ist ihre Leidenschaft wesentlich Tollheit; sie hat Schwärmerei, aber da deren Inhalt ein Nichts ist, so ist ihre Schwärmerei wesentlich Albernheit; sie will ihrer Leidenschaft jedes Opfer bringen, das heißt: sie will alles opfern für nichts. Als komische Heldin ist sie unvergleichlich. Bei ihr dreht sich alles um eine Einbildung, und alles außer ihr dreht sich wieder um sie und damit um ihre Einbildung. Es ist leicht ersichtlich, wie vollendet komisch die ganze Anlage werden muß, man blickt in sie hinein, als blickte man in einen Abgrund der Lächerlichkeit.

Emmelines Einbildung geht auf nicht mehr und nicht weniger hinaus, als daß sie ihren Vetter Charles liebt, den sie nicht mehr gesehen hat, seit sie acht Jahre alt war. Das Hauptargument, mit dem sie ihre Illusion zu verteidigen sucht, ist folgendes: Die erste Liebe ist die wahre Liebe, und man liebt nur einmal.

Als Verfechterin der absoluten Gültigkeit der ersten Liebe ist Emmeline die Vertreterin einer zahlreichen Klasse von Menschen. Man meint zwar, daß es möglich sei, mehr als einmal zu lieben; aber die erste Liebe ist doch wesentlich von jeder anderen verschieden. Dies läßt sich nur durch die Annahme erklären, daß es einen mitleidigen Dämon gibt, der dem Menschen ein bißchen Vergoldung geschenkt hat, mit dem er sich das Leben verziert. Der Satz nämlich, daß die erste Liebe die wahre Liebe sei, ist sehr geschmeidig und kann den Menschen auf mancherlei Weise zu Hilfe kommen. Hat man nicht das Glück, in den Besitz dessen zu gelangen, was man sich wünscht, so hat man doch die Süße der ersten Liebe. Hat man das Unglück, mehrere Male zu lieben, so ist es doch ein jedesmal die erste Liebe. Der Satz ist nämlich ein sophistischer Satz. Liebt man zum dritten Male, so sagt man: Diese meine jetzige Liebe ist doch erst meine wahre Liebe, die wahre Liebe aber ist die erste, *ergo* ist diese dritte Liebe meine erste. Das Sophistische liegt darin, daß die Bestimmung »die erste« zugleich eine qualitative und eine numerische Bestimmung sein soll. Wenn ein Witwer und eine Witwe sich zusammentun, wenn jeder fünf Kinder mitbringt, so versichern sie sich doch am Hochzeitstage, daß diese Liebe ihre erste Liebe sei. Emmeline würde in ihrer romantischen Orthodoxie eine solche Verbindung mit Abscheu betrachten, sie würde ihr eine verlogene Abscheulichkeit sein, die ihr ebenso greuelhaft wäre, wie die Ehe zwischen einem Mönch und einer Nonne es für das Mittelalter war. Sie faßt den Satz numerisch auf, und zwar mit einer solchen Gewissenhaftigkeit, daß sie meint, ein Eindruck ihres achten Lebensjahres sei entscheidend für das ganze Leben. In gleicher Weise faßt sie auch den zweiten Satz auf: Man liebt nur einmal. Dieser Satz ist indessen ebenso sophistisch und ebenso dehnbar. Man liebt mehrere Male, und jedesmal bestreitet man die Gültigkeit der vorhergehenden Male, und so behauptet man dennoch die Richtigkeit jenes Satzes, daß man nur einmal liebt.

Emmeline hält also an ihrem numerisch bestimmten Satz fest, niemand kann sie widerlegen; denn jedem, der es etwa versucht, spricht sie die Sympathie ab. Sie muß nun ihre Erfahrung machen, und die Erfahrung widerlegt sie. Es ergibt sich die Frage, wie man in diesem Punkte den Dichter verstehen soll. Es zeigt sich, daß sie Rinville liebt, nicht Charles. Die Antwort hierauf wird entscheidend sein für die Bestimmung, ob das Stück in unendlichem Sinne komisch oder in endlichem Sinne moralisierend ist. Bekanntlich endet das Stück damit, daß Emmeline sich von Charles zu Rinville wendet, ihm die Hand reicht und sagt: »Es war ein Irrtum, ich habe das Vergangene mit dem Zukünftigen verwechselt.« Ist nun das Stück in endlichem Sinne moralisierend, so wie es wohl im allgemeinen verstanden wird, dann ist es die Absicht des Dichters, in Emmeline ein kindisches, verschrobenes Mädchen zu schildern, das sich fest in den Kopf gesetzt hat, sie liebe nur ihren Charles, nun aber zu besserer Einsicht gelangt, von ihrer Krankheit geheilt wird, eine vernünftige Partie mit Herrn Rinville macht und den Zuschauer das Beste für ihre Zukunft hoffen läßt, daß sie eine rührige Hausfrau werde usw. usw. Wenn dies der Sinn ist, so verwandelt sich »Die erste Liebe« von einem Meisterstück in eine szenische Belanglosigkeit, vorausgesetzt, daß der Dichter ihre Besserung einigermaßen motiviert hat. Da dies nicht der Fall ist, wird das Stück, als Ganzes betrachtet, zu einem mäßigen Stück, und man muß bedauern, daß die glänzenden Einzelheiten in ihm vergeudet sind.

Daß *Scribe* ihre Besserung in keiner Weise motiviert hat, werde ich nun zeigen. Rinville beschließt, sich für Charles auszugeben. Es gelingt ihm, Emmeline zu täuschen. Er geht ganz in die Sentimentalität des vermeintlichen Charles ein, und Emmeline ist außer sich vor Freude. Nicht also durch seine Person nimmt Rinville sie ein, sondern durch Charles' Sonntagskleider. Ja, selbst wenn es statt eines fingierten Charles der wirkliche gewesen wäre, selbst wenn er ganz genau so ausgesehen hätte wie Rinville, so ist doch durch das Auftreten dieser Figur kein neues Motiv für die Liebe hinzugekommen. Vielmehr, sie liebt ihn mit einer objektiv mathematischen Liebe, weil er mit dem Bilde, das sie selbst gemacht hat, kongruiert. Rinville hat also eigentlich gar keinen Eindruck auf Emmeline gemacht. Wie ohnmächtig er ist, zeigt sich auch darin, daß sie, als er den Ring nicht hat, ihn nicht liebt, als er den Ring bekommt, ihn wieder liebt, woraus sich die Wahrscheinlichkeit ergibt, daß dieser Ring für Emmeline ein magischer Ring ist und daß sie jeden lieben würde, der mit diesem Ring aufträte. Als Emmeline endlich erfährt, daß Charles verheiratet ist, beschließt sie, Rinville zu ehelichen. Sollte nun dieser Schritt irgendwie auf eine Wandlung bei ihr hindeuten, ja, mehr noch, auf eine Wandlung zum Besseren, so müßte es einerseits Rinville gelungen sein, ihr durch seine eigene Liebenswürdigkeit zu gefallen, von der es im Stück deutlich werden müßte, daß sie von besserer Bonität ist als die Charles', andererseits müßte es ihm gelungen sein, ihre theoretische Verstocktheit bezüglich der absoluten Gültigkeit der ersten Liebe zu lösen und zu erklären. Keins von beidem ist der Fall. Rinville tritt als Charles auf und gefällt ihr nur, sofern er ihm gleicht. Und das Bild, das sie von Charles hat, ist kein großartiges Phantasiegemälde, das auszufüllen eine poetische Figur erforderlich wäre, nein, ihr idealer Charles ist an einer Menge von Zufälligkeiten erkennbar, besonders an einem Ring am Finger. Nur durch seine Ähnlichkeit mit Charles gefällt er ihr, und er entfaltet auch nicht eine einzige ihm eigentümliche Liebenswürdigkeit, die Eindruck auf Emmeline machen könnte. Sie sieht überhaupt gar nicht Rinville, sondern nur ihren geliebten Charles. Sie ist auf dem Punkt, daß sie Charles liebt und Rinville verabscheut; wer von ihnen der Liebenswertere sei, entscheidet sie nicht, indem sie die beiden sieht, das ist schon lange im voraus entschieden. Wie Charles als Rinville auftritt, findet sie ihn »widerlich«. In diesem Urteil muß der Zuschauer ihr allerdings recht geben; es scheint aber nicht die Absicht des Dichters zu sein, ihrem Urteil großen Wert beizumessen; sie weiß, daß er widerlich ist, ehe sie ihn ansieht, und kaum sieht sie ihn an, findet sie es bestätigt. Der Dichter will ihr Urteil über den vermeintlichen Rinville als eine Willkür erscheinen lassen, daher läßt er es immer wieder durch das Urteil des Vaters parodieren. Der Vater findet ganz und gar nichts Einnehmendes an dem vermeintlichen Charles, hingegen findet er den vermeintlichen Rinville höchst liebenswert, die Tochter umgekehrt; er findet es so, weil er es so will, sie desgleichen. Daß sie recht hat, sieht der Zuschauer, ihr Urteil aber bleibt gleichwohl eine bloße Willkür, und dadurch erhält die Situation so viel komische Kraft.

Es gelingt Rinville auch nicht, ihre Theorie zu besiegen. Charles ist verheiratet, ihn kann sie also nicht bekommen,* es sei denn, daß sie mit der Obrigkeit anbändeln wollte. Sie ehelicht Rinville aus zwei Gründen,

---

* Ein anderer Ausweg ließe sich vielleicht finden, wenn man Emmeline auf die Idee kommen ließe, sich mit Charles' halbem Herzen zu begnügen. Dergleichen hat man ja in den Romanen gesehen, und es wäre also nicht undenkbar, daß es Emmeline in voller Klarheit aufginge. Überhaupt ist es merkwürdig, daß es in der gesamten europäischen Literatur an einem weiblichen Seitenstück zum *Don Quixotte* fehlt. Sollte die Zeit dafür noch nicht gekommen sein, sollte der Kontinent der Sentimentalität noch nicht entdeckt sein?

teils, um sich an Charles zu rächen, teils, um ihrem Vater zu gehorchen. Diese Gründe scheinen nicht auf eine Wandlung zum Besseren zu deuten. Tut sie es, um sich an Charles zu rächen, so beweist das ja, daß sie fortfährt, Charles zu lieben, das Motiv entspricht ganz der Logik des Romans, und man kann sie keineswegs für geheilt halten. Tut sie es, um dem Vater zu gehorchen, so muß entweder ein Ernst in ihre Seele gekommen sein, eine Reue und ein Verdruß darüber, daß sie sich erlaubt hat, einen Vater zum besten zu haben, der doch nur eine Schwäche hatte, nämlich die, zu gut zu ihr zu sein; das aber stünde im Widerspruch zum ganzen Stück – oder ihr Gehorsam hat seinen Grund darin, daß sein Wille mit ihrer Laune in Einklang ist, und so wäre sie hier denn wiederum unverändert.

Es ist also im Stück auch nicht das mindeste zu erkennen, das darauf schließen läßt, daß ihre Entscheidung für Rinville vernünftiger sei als alles, was sie sonst tut. Emmelines Wesen ist das unendliche Geplapper, sie ist am Schluß ebenso plapperhaft wie am Anfang, und daher kann man sich ungeteilt an der komischen Wirkung des ganzen Stückes ergötzen, die sich dadurch ergibt, daß die Situation ihr beständig entgegen ist. Sie hat sich am Schluß des Stückes also nicht gebessert, ebensowenig wie *Erasmus Montanus* bei *Holberg*. Sie ist eine zu große Theoretikerin, eine zu gute Dialektikerin (und jeder Mensch, der eine fixe Idee hat, ist ja ein Virtuos auf *einer* Saite), um sich empirisch überzeugen zu lassen. Charles ist ihr untreu gewesen, sie heiratet Rinville; doch ihr romantisches Gewissen macht ihr keine Vorwürfe. Ganz ruhig könnte sie vor Tante *Judithe* hintreten, falls diese noch lebte, und könnte zu ihr sagen: »Ich liebe Rinville nicht, ich habe ihn nie geliebt, ich liebe nur Charles, und sage noch: man liebt nur einmal, und die erste Liebe ist die wahre Liebe; aber ich habe Achtung vor Rinville, darum hab' ich ihn geheiratet und meinem Vater gehorcht« (vgl. 14. Szene). Da würde Judithe antworten: »Recht so, mein Kind, das Lehrbuch läßt in einer Anmerkung diesen Schritt zu. Es sagt: wenn die Liebenden einander nicht bekommen können, so geziemt es ihnen, still dahinzuleben, und obgleich sie einander nicht bekommen, soll ihr Verhältnis doch dieselbe Bedeutung haben, als ob sie einander bekommen hätten, und ihr Leben soll ebenso schön sein und in jeder Beziehung für eine eheliche Gemeinschaft erachtet werden. Das weiß ich aus eigener Erfahrung. Meine erste Liebe war ein Seminarist, aber er konnte keine Stellung finden. Er war meine erste Liebe und ist meine letzte geblieben, ich bin unverheiratet gestorben und er ohne Stellung. Wenn dagegen der eine Teil dem andern untreu wird, so darf der andere heiraten, jedoch so, daß er es aus Achtung tut.«

Wenn man also die Wahl hat, *Scribes* Stück zu einer Belanglosigkeit herabzusetzen, indem man behauptet, daß es etwas darin gäbe, was sich nicht nachweisen läßt, oder sich an einem Meisterstück zu freuen, indem man alles erklären kann, so scheint die Wahl nicht schwer. Das Stück ist also nicht in endlichem Sinne moralisierend, sondern in unendlichem Sinne witzig; es hat keinen endlichen Zweck, sondern ist ein unendlicher Scherz mit Emmeline. Darum hat das Stück auch kein Ende. Da die neue Liebe zu Rinville lediglich mit einer

Verwechslung motiviert wird, so ist es völlig willkürlich, das Stück aufhören zu lassen. Entweder ist dies nun ein Fehler des Stückes, oder ein Verdienst. Die Wahl ist hier wiederum nicht schwer. Indem der Zuschauer meint, das Stück sei aus, und er habe jetzt sicheren Grund unter den Füßen, entdeckt er plötzlich, daß das, worauf er tritt, nichts Festes ist, sondern gleichsam das Ende einer Wippe, und indem er darauf tritt, wippt das ganze Stück über sich hinweg. Es ergibt sich eine unendliche Möglichkeit der Konfusion, weil Emmeline, infolge ihrer Romanbildung, in bezug auf jede Bestimmung der Wirklichkeit »übergreifend« geworden ist. Daß der wirkliche Charles nicht ihr Charles war, das hat sie gelernt; bald aber wird sie, wenn Rinville Rinville wird, sich überzeugen, daß auch er es nicht ist. Kleider machen den Mann, und das romantische Habit ist das, worauf sie sieht. Es wird vielleicht eine neue Gestalt erscheinen, die Charles gleicht, und so fort. Versteht man das Stück auf diese Art, so ist ihre Schlußreplik sogar tiefsinnig, während es im anderen Fall mir zumindest unmöglich ist, einen Sinn darin zu finden. Emmeline bezeichnet also die Änderung der Bewegung. Zuvor lag ihre Illusion hinter ihr im Vergangenen, jetzt will sie in der Welt und im Zukünftigen suchen, denn den romantischen Charles hat sie nicht aufgegeben; ob sie aber vorwärts oder rückwärts reist, so bleibt ihre Expedition nach der ersten Liebe doch vergleichbar jener Reise, die man nach der Gesundheit unternimmt, von der es heißt, sie sei immer um eine Station voraus.

Man wird es denn auch in der Ordnung finden, daß

Emmeline keinerlei Aufklärungen bezüglich ihrer Theorie gibt, was man eigentlich mit Recht verlangen könnte. Wenn ein Mann seinen Glauben ändert, verlangt man eine Erklärung, ist er ein Theoretiker, verlangt man sie mit Recht. Emmeline ist kein ungelehrtes Mädchen, sie ist wohlstudiert, sie besitzt Theorie, hat kraft dieser Charles geliebt, sie hat den Satz etabliert, daß die erste Liebe die wahre sei. Wie wird sie sich da herausreden? Wird sie sagen, sie habe Charles nie geliebt, sondern Rinville sei ihre erste Liebe, so ist sie im Widerspruch mit sich selbst, da sie doch eigentlich glaubt, Rinville sei Charles. Wird sie sagen: Die erste Liebe war Kinderei, die zweite Liebe ist die wahre, so ist leicht ersichtlich, daß sie einem nur mit Hilfe eines Sophismus entschlüpfen will. Sagt sie: Es kommt auf die Zahl gar nicht an, ob es Nummer 1 oder Nummer 2 ist, die wahre Liebe ist etwas ganz anderes; so müßte man fragen, welche Liebenswürdigkeit sie denn bei Rinville gefunden habe, da der aufmerksame Beobachter doch keine andere entdeckt habe als die, daß er so höflich gewesen ist, sich Charles anzuziehen, um ihr zu gefallen. Soll das Stück wirklich zu Ende sein, so muß man billigerweise eine Aufklärung über all dies verlangen. Ist es dagegen die Meinung des Dichters, daß das Stück unendlich ist, so ist es eine Unbilligkeit, von Emmeline eine Erklärung zu verlangen, da sie diesbezüglich mit sich selbst noch nicht ins reine gekommen ist.

Das Interesse dreht sich also um Emmeline und ihre Illusion. Eine Kollision zuwege zu bringen, ist wirklich nicht schwer. Ich will nun einen Augenblick die drei Personen unter Auslassung von Charles zueinander in

Beziehung setzen, um zu sehen, wie weit wir auf diese Weise kommen. Der Vater wünscht Emmeline verheiratet und versorgt zu sehen. Sie refüsiert jeglichen Vorschlag. Schließlich schlägt er den jungen Rinville vor, empfiehlt ihn wärmer als jeden anderen, ja macht Miene, fest entschlossen zu sein. Emmeline legt ein Geständnis ab, daß sie einen anderen liebe, nämlich Charles. Rinville kommt, empfängt den Brief, faßt den Gedanken, sich für Charles auszugeben.

Soweit könnte das Stück mit drei Personen ablaufen, und wir wären nicht um eine der witzigsten Situationen des Stückes, die Erkennungsszene, gekommen. Ich kann hier gleich die Gelegenheit nehmen, zu zeigen, wie *Scribe* alles in der Situation sichtbar werden läßt. Emmeline macht ihrer Sentimentalität niemals Luft im Monolog, sondern immer nur im Dialog und in der Situation. Man hört sie nicht in Einsamkeit für Charles schwärmen. Erst als der Vater dringlich wird, muß sie beichten, was dazu beiträgt, daß ihre Sentimentalität sich besser ausnimmt. Man hört sie nicht im Monolog für sich allein ihre Liebesreminiszenzen repetieren, das geschieht erst in der Situation. Ihre Sympathie sagt ihr sofort, daß Rinville Charles ist, und mit ihm geht sie nun alle alten Erinnerungen durch. Eine witzigere Situation läßt sich kaum denken. Rinville hat Welt, und mit Hilfe einiger ganz weniger Aufklärungen über Emmelines Geisteszustand sieht er bald, daß ihr Vetter Charles eine sehr nebulose und mythische Figur ist. Sie hat ihrer Phantasie ein Bild von Charles gemalt, das auf jeden zutreffen kann, ebenso wie die Gesichter, die der eine der mehreren Wehmüller malte, auf jeden Ungarn zutreffen. Charles' Porträt ist ebenso abstrakt wie die Nationalgesichter dieses Malers. Dieses Porträt und einige allgemeine Formeln, ein kleiner Vers nicht zu vergessen, sind der Ertrag der Romanbildung. Die Täuschung ist Rinville also ziemlich leicht gemacht und gelingt über alle Maßen.

Man könnte nun auch aus diesen drei Personen und ihren Beziehungen zueinander ein Lustspiel machen. Rinville hätte eingesehen, daß, obwohl er als Rinville beim Vater wohl angeschrieben wäre, es doch von größerer Wichtigkeit sei, der Tochter zu gefallen, deren Wink alles in Dervières Hause gehorchte. Er würde sich also weiterhin für Charles ausgeben. Damit hätte er dann in der Familie Fuß gefaßt, hätte Gelegenheit, das Mädchen für sich einzunehmen. Er dürfte auf Emmelines Herrschaft über den Vater rechnen, und wenn sie dann dem Vater die Erlaubnis abgerungen hätte, müßte er es verstanden haben, das Mädchen dermaßen einzunehmen, daß sie sich nicht noch einmal bedenken würde.

Man erkennt leicht das Unvollkommene dieser Anlage. Um die Tochter dahin zu bringen, ihr Geheimnis zu gestehen, muß Dervière sehr in sie gedrungen sein; denn sonst hätte sie es ebensogut gestehen können, als er überhaupt zum erstenmal mit ihr über die Ehe sprach. Der Vater hat also viele Gründe gehabt, sich Rinville als Schwiegersohn zu wünschen. Je eifriger er ist, um so gespannter wird das Verhältnis, um so unwahrscheinlicher wird es, daß er seine Einwilligung zu ihrer Verbindung mit Charles gibt. Andererseits muß eine dramatische Wahrscheinlichkeit bestehen, daß

Emmeline sich irrt. Dies hat der Dichter dadurch erreicht, daß Charles erwartet wird, und es so eingerichtet, daß sie selber diese Nachricht bringt und im gleichen Augenblick den vermeintlichen Charles gewahr wird. Des Vaters Verlegenheit und Eifer, die Ankunft Charles' zu verheimlichen, bestärken sie noch mehr darin, daß es wirklich Charles ist.

Jetzt will ich die vierte Person hinzunehmen, um die Vortrefflichkeit der Anlage darzutun und zu zeigen, wie die eine Situation die andere an Witz übertrifft.

Charles eilt nach Hause als der verlorene Sohn, um sich dem Onkel in die Arme zu werfen, die Cousine loszuwerden und seine Schuld zu begleichen. Um aber all das zu erreichen, muß er inkognito sein. Wie fast jede Situation ein unendlich witziger Spott über Emmelines Sentimentalität ist, so ist fast jede Situation auch ein ebenso witziger Spott über Charles' Mystifikation. Er kehrt nach Hause zurück, voller Vertrauen auf seine Begabung zum Mystifizieren. Er glaubt, daß er es sei, der die Intrige betreibt, er, der mystifiziert, und doch sieht der Zuschauer, daß die Mystifikation im Gange ist, noch bevor Charles auftritt; denn Rinville hat sich ja schon für Charles ausgegeben. Die Intrige nimmt also Charles mit, Rinvilles Mystifikation drängt Charles in seine Mystifikation hinein, und doch meint Charles, es gehe alles von ihm aus. Jetzt hat das Stück vollkommenes Leben, eine in ihrer Ausgelassenheit schier wahnwitzige Kreuzung von Situationen. Sämtliche vier Personen sind nämlich gegenseitig mystifiziert. *Emmeline* will Charles haben, Charles will sie lossein; *Charles*, der Mystifikator, weiß nichts davon, daß Rinville sich für ihn ausgibt und auf jede Weise in diesem Namen das Mädchen einzunehmen sucht. *Rinville* denkt nicht daran, daß Charles als Rinville ihn in jeder Weise diskommandiert; *Dervière* hält auf Rinville, aber der, auf den er hält, ist Charles; Emmeline hält auf Charles, aber der, auf den sie hält, ist Rinville. So löst die ganze Operation sich in Unsinn auf. Worum das Stück sich dreht, ist nichts, was bei dem Stück herauskommt, ist nichts.

Emmeline und Charles arbeiten gegeneinander, und doch gelangen sie beide zum Gegenteil dessen, was sie wollten: sie dazu, Rinville zu bekommen, er, der mystifizieren wollte, dazu, alles zu verraten.

In jedem Theater, in dem »Die erste Liebe« aufgeführt wurde, ist wahrscheinlich viel über dieses Stück gelacht worden, aber ich darf dem theaterbesuchenden Publikum versichern, daß noch nie genug gelacht worden ist. Wenn ich, um an eine alte Erzählung zu erinnern, von einem recht heftig lachenden Menschen sagte, entweder er ist verrückt, oder er liest, besser vielleicht, er sieht »Die erste Liebe«, so glaube ich nicht zuviel zu sagen. Man lacht mitunter über Dinge und bereut es schon fast im selben Augenblick; die Situationen in diesem Stück aber sind von der Art, daß sie um so lächerlicher, um so wahnwitziger erscheinen, je mehr man sich in sie vertieft. Da nun die Situation selbst in höchstem Grade lächerlich ist, nehmen die an sich schon witzigen Repliken sich nur noch trefflicher aus.

Daß *Scribe* Repliken schreiben kann, ist zu bekannt, als daß man es noch sagen müßte. Man bewundere ihn darum, aber man bewundere ihn noch mehr um die Virtuosität, mit der er sie in der Situation einzufügen weiß, so daß sie sich aus der Situation ergeben und diese wiederum beleuchten. Ist die Replik selten einmal nicht so korrekt, so erkauft er sich gleich Ablaß durch ihren Witz. Man muß sich jedoch erinnern, daß ich nicht von allen Stücken *Scribes* spreche, sondern nur von der »Ersten Liebe«.

Durch die Hinzufügung der vierten Person ist eine völlig dramatische Gärung in den Stoff gekommen. Man braucht nicht zu befürchten, daß es dem Stoff schließlich an Leben fehlt, sondern eher, daß das Leben darin allzu ausgelassen wird und nicht mehr geneigt ist, dem Zügel zu gehorchen. Jede Situation braucht ihre Zeit, und doch muß man in ihr die innere Unruhe des Stückes spüren. Daß *Scribe* hierin Meister ist, möchte ich zum Schluß zeigen, indem ich die einzelnen Situationen durchgehe. Der Leser möge verzeihen, wenn ich etwas zu weitschweifig werden sollte, das hat seinen Grund in meiner Eifersucht auf *Scribe* und meinem Mißtrauen gegen den Leser. Meine Eifersucht auf Scribe raunt mir zu, daß er niemals gut genug verstanden werden kann; mein Mißtrauen gegen den Leser möchte mich zu dem Glauben bringen, daß er an einzelnen Stellen nicht alles sieht. Man glaubt im allgemeinen, das Komische sei mehr Sache des Augenblicks als das Tragische; man lacht darüber und vergißt es, während man zum Tragischen oft zurückkehrt und darein versinkt. Das Komische und das Tragische können entweder Replik sein oder Situation. Einige Menschen verweilen am liebsten bei der Replik, behalten sie im Gedächtnis und kehren oft zu ihr zurück. Andere verweilen am liebsten bei der Situation, rekonstruieren sie im Gedächtnis. Diese letzteren sind die kontemplativen Naturen. Diese werden auch nicht bestreiten, daß eine komische Situation etwas ebenso Befriedigendes für die Intuition hat, ja daß sie, wenn anders sie korrekt ist, einen mehr reizt, sich in sie zu vertiefen, als die tragische. Ich habe viele Tragödien gehört und gelesen, kann mich aber nur einer ganz vereinzelten Replik erinnern, und auch diese beschäftigt mich nicht sonderlich; was dagegen die Situation betrifft, so kann ich in aller Stille dasitzen und mich in sie versenken. Ich will ein Beispiel nehmen. Als *Klärchen* in Goethes Egmont erfährt, daß *Egmont* gefangen ist, da tritt sie hervor, um zu den Holländern zu reden und sie zum Aufruhr zu bewegen. Sie ist überzeugt, daß ihre Beredsamkeit sie erschüttern wird, die Holländer aber stehen wie rechte Holländer da, ungerührt, einzig darauf bedacht, ihr heimlich davonzuschleichen. Von ihrer Replik habe ich nie ein Wort behalten können, die Situation hingegen ist mir unvergeßlich gewesen von jenem Augenblick an, da ich sie zum ersten Male sah. Sie ist als tragische Situation vollkommen. Das schöne junge Mädchen, poetisch durch ihre Liebe zu Egmont, von Egmonts ganzem Wesen beseelt, müßte, so sollte man glauben, die ganze Welt bewegen können, aber kein Holländer versteht sie. Die Seele ruht in einer solchen Situation mit unendlicher Wehmut; aber sie ruht, die Kontemplation ist vollständig in Ruhe. Die komische Situation hat zwar ein ähnliches Bestehen für die Kontemplation, zu gleicher Zeit aber ist innen die Reflexion in Bewegung, und je mehr sie entdeckt, um so unendlicher wird die komische Situation gleichsam in sich selbst, um so mehr schwindelt einem der Kopf, und doch kann man es nicht lassen, in sie hineinzustarren.

Die Situationen in der »Ersten Liebe« sind eben von dieser Art. Schon der erste Eindruck von ihnen ist von komischer Wirkung, wenn man sie aber in der Intuition reproduziert, so wird das Lachen leiser, das Lächeln aber verklärter, man kann die Gedanken fast nicht wieder davon losreißen, weil es ist, als käme etwas noch Lächerlicheres. Mit diesem stillen Genießen der Situation, indem man in sie hineinschaut, etwa wie einer, der Tabak raucht, in den Rauch hineinschaut, mag der eine oder andere Leser unbekannt sein. *Scribe* ist nicht schuld daran; wenn es der Fall ist, so hat der Leser selber schuld gegenüber Scribe.

Dervière bedrängt Emmeline sehr, daß sie Rinville heiraten soll, sie gesteht ihre Liebe zu Charles, beichtet das höchst unschuldige Einverständnis, in dem sie mit ihm gelebt hat, bewegt schließlich den Vater mit guten Worten dazu, Rinville einen Brief zu schreiben, der eine Absage enthält; der Diener wird mit dem Brief abgeschickt; die Familie läßt sich verleugnen, Rinville tritt auf. Lapierre hat, statt den Domestiken unten Bescheid zu sagen, Reitstiefel angezogen. Rinville ist also eingelassen. Gleich hier hat *Scribe*, statt Herrn Rinville auftreten und sich selbst anmelden zu lassen, eine nicht unwitzige Situation geschaffen, die ebenso viel Spott über Dervière wie über Emmeline enthält. Rinville hat den Brief empfangen, liest ihn. Hier ist wieder Situation. Es ist nicht, wie sonst so oft, ein Brief, der vorgelesen wird, so daß die Aufmerksamkeit sich allein auf seinen Inhalt heften muß. Es ist Herrn Dervières Haus, wo der zukünftige Schwiegersohn die Absage bekommt. Rinville faßt seinen Plan. Dervière tritt auf, Rinville gibt sich für Charles aus.

Hier haben wir eine vollkommen witzige Situation. Natürlich könnte Herrn Dervière kein Gast unwillkommener sein als Charles. Das ahnt Rinville nicht. Seine ganze Intrige erweist sich also als eine äußerst unglückliche Idee. Die Situation liegt nicht darin, daß Rinville sich für Charles ausgibt, sondern darin, daß er den Allerungeeignetsten gewählt hat, den er nur wählen konnte, und zwar ungeachtet er notwendig glauben mußte, den Geeignetsten zu wählen. Die Situation liegt ferner darin, daß Dervière den jungen exzellenten Rinville in seinem Hause hat, ohne es zu ahnen. Wenn man nun auf die an sich poetisch richtigen Repliken achtet, so wird man immer und immer wieder die Situation in einer höheren Potenz genießen, weil das Lächerliche der Situation in ihnen immer klarer wird. Rinville beginnt im sentimentalen und pathetischen Stil. Ob das korrekt ist, könnte zweifelhaft scheinen. Er hat keine nähere Kenntnis von Charles, kann also nicht wissen, welche Art am täuschendsten wirken würde. Er hat hingegen eine Vorstellung von Dervières Haus und darf daraus auf die Beschaffenheit der übrigen Glieder dieser Familie schließen. Will man den Anfang als unkorrekt betrachten, so kann man doch nicht leugnen, daß *Scribe* diese Schwäche durch den Witz der Replik wettmacht sowie durch die Ahnung, die beim Zuschauer von dem wirklichen Charles geweckt wird. Das Unkorrekte liegt also darin, daß Rinvilles erste Anrede so pathetisch ist, daß es den Anschein hat, als fürchte er, nicht willkommen zu sein, was Rinville jedoch dem Vorhergehenden zufolge gerade glauben muß. Rinville ist darum dem wirklichen Charles etwas gar zu ähnlich. Der Onkel scheint, trotz seiner übrigen Dummheit, Charles recht gut begriffen zu haben, er meint ihn mit Geld loswerden zu können, bietet ihm 6000 Francs jährlich statt der früheren 3000. Man muß dabei unwillkürlich an den wirklichen Charles denken. Der hätte sich sehr glücklich gepriesen und dieses Angebot mit Freuden angenommen. Die ganze Szene hätte dann ebenso pathetisch geendet, wie sie begonnen hatte, er hätte sich dem Onkel in die Arme geworfen und ausgerufen: Ja, die Bande der Natur und des Blutes sind heilig! Rinville ist damit jedoch nicht gedient, er fährt in dem angefangenen Tone fort, ganz so wie Charles sich ausgedrückt haben würde, wenn er die 6000 Francs nicht benötigt hätte. Der Onkel entschließt sich nun, es im guten mit ihm zu versuchen, ihn für sich zu gewinnen, er erzählt ihm aufrichtig den ganzen Zusammenhang der Sache, hält eine Lobrede auf Rinville, die auf Grund der Situation parodisch wird. Die Situation erreicht ihren vollendeten Höhepunkt, indem Dervière Rinville anvertraut, er habe daran gedacht, irgendeine List zu erfinden, durch die er Emmeline mit Rinville bekannt machen könnte, ohne daß sie Verdacht schöpft.* Der Gegensatz ist vortrefflich. Dervière will eine List ersinnen, diese

---

* Hier könnte das Stück eigentlich enden, würde vielleicht ein aufmerksamer Leser denken. Denn was wäre einfacher, als daß Rinville sich nun dem alten Dervière offenbart hätte und dergestalt mit doppeltem Wind gesegelt wäre, bei Emmeline für Charles, bei Dervière für das, was er wirklich war – für Rinville gegolten hätte. Indessen kann man es Rinville nicht verdenken, daß er Dervière

List hat Rinville bereits ersonnen. Rinvilles List bildet die Situation, und in dieser hört man Dervières Replik. Dervière gibt selbst zu, daß er nicht sehr erfinderisch ist, seine List ist überaus einfach, ob Charles nicht die Güte haben möchte zu gehen. Wenn diese List gelänge, so hat Dervière ungefähr das Dümmste getan, was er tun konnte.

Rinville geht jedoch nicht, dagegen tritt Emmeline auf, mit der Nachricht, daß ein gewisser Herr Zacharias mit ihrem Vater zu sprechen wünsche, wegen Charles, der jeden Augenblick zu erwarten ist. Des Vaters Verlegenheit verrät alles, Emmeline erkennt Charles wieder. Durch diese Anlage hat der Dichter viel gewonnen. Der erste, auf den der angebliche Charles stößt, ist der Onkel; er muß als der gelten, der am leichtesten zu betrügen ist. Er ist dumm, besorgt, daß Charles kommen könnte, und darum nur allzu geneigt, mit diesem traurigen Ereignis als einer sicheren Tatsache zu rechnen; er würde es sich auch niemals träumen lassen, daß jemand darauf verfallen könnte, sich für Charles auszugeben. Ihm gegenüber kann Rinville daher schon ganz frisch einiges wagen. Emmeline gegenüber würde es dagegen allzu frisch gewagt sein, da sie immerhin ein gut Teil pfiffiger ist. Dazu kommt, daß es unschön wäre, wenn Rinville so völlig das Dekorum vernachlässigte, und nicht minder unschön von seiten Emmelines. Jetzt dagegen hat sie den untrüglichsten Beweis dafür, daß es Charles ist, in der Verlegenheit des Vaters. Die Wiedererkennung geschieht vor

gegenüber sein Inkognito bewahrt; denn schon ein paar Worte von diesem genügen, ihn einsehen zu lassen, daß man, wenn man eine Intrige spielen will, niemals Dervière zum Mitwisser haben darf.

den Augen des Vaters, Rinville braucht nichts zu tun; statt auf seine Rolle zu achten, kann er sich ganz ruhig verhalten, denn jetzt sind Emmeline die Augen aufgegangen. Sie nötigt Rinville geradezu, Charles zu sein, insofern braucht er nichts zu bereuen, und sie selbst bereut nichts, da der Vater sie ja genötigt hat, ihn dafür zu halten. Der Dichter hat also durch diese Anlage eine gewisse Zartheit über die Situation gebreitet, die ihr alles Anstößige nimmt und sie zu einem harmlosen Scherz macht.

Die Situation ist nicht minder witzig als die vorhergehende. Dervière ist völlig verdutzt, und dabei hat er doch selbst das Ganze veranlaßt und Rinville über die Schwierigkeit hinweggeholfen, sich Emmeline gegenüber für Charles auszugeben. Die Situation stellt zugleich eine Parodie auf die vorhergehende dar; der Onkel konnte ihn gar nicht gleich erkennen. Dagegen kann sie es. Das erklärt sie aus einem sonderbaren Gefühl, von dem sie jedoch nicht weiß, was es war; aber es war gleichsam eine Stimme, die ihr zuflüsterte: Er ist da. (Diese Stimme ist gewiß des Vaters Stimme, die alles verraten hat.) Sie erklärt es aus Sympathien, die sie ihrem Vater nicht erklären kann, wohl aber Tante Judithe. Wer ist nun der Klügere: Dervière, der ihn nicht erkannte, der keine Ahnung hatte, der ihn aber jetzt erkennt, oder Emmeline, die ihn sofort erkannte? Je mehr man es betrachtet, um so lächerlicher wird es. Wieder hilft hier die Replik dem Zuschauer, sich in die Lächerlichkeit der Situation zu vertiefen. Auf Emmelines Replik, daß sie so ein sonderbares Gefühl gehabt habe, folgt die Dervières: »Da hatte ich für meinen Teil nicht die leiseste Ahnung, und wenn er mir seinen Namen nicht offen gesagt hätte...« Solch eine Replik ist Goldes wert. Sie ist so natürlich und einfach, und doch hätte vielleicht unter zehn Dramatikern nicht einer so viel Besonnenheit und Blick für die Situation gehabt, um sie entstehen zu lassen. Ein gewöhnlicher Dramatiker hätte die ganze Aufmerksamkeit auf Emmeline konzentriert; in der vorigen Szene war er ja mit der Wiedererkennung zwischen Dervière und Charles fertig geworden. Dieses Zusammenspiel hätte er nicht zustande gebracht, und doch trägt es dazu bei, die Situation so witzig zu machen. Es ist komisch, daß Emmeline in Rinville sofort Charles wiedererkennt, Dervières Gegenwart aber trägt dazu bei, die Situation ironisch zu machen. Er steht da wie ein Tropf, der nichts begreift. Und was ist denn leichter zu erklären: daß Emmeline es ahnte, oder daß Dervière es nicht ahnte?

Jetzt folgt die Erkennungsszene, eine der glücklichsten Situationen, die sich denken lassen. Das Witzige liegt jedoch keineswegs darin, daß sie Rinville mit Charles verwechselt. Verwechslungen hat man denn auch oft genug auf der Bühne gesehen. Eine Verwechslung beruht auf wirklicher Ähnlichkeit, sei es, daß diese dem Individuum unbewußt ist, oder daß es sie selbst zuwege gebracht hat. Wenn dies hier der Fall wäre, so müßte ja Rinville, nachdem er die Examination bestanden hat, einigermaßen wissen, wie Charles ungefähr aussieht; denn Charles müßte ja ungefähr so aussehen wie er. Das ist jedoch keineswegs der Fall, jede derartige Konsequenz würde eine Torheit sein. Das Witzige liegt also darin, daß Emmeline in Rinville einen wiedererkennt, den sie nicht kennt. Das Witzige liegt nicht darin, daß sie Rinville wiedererkennt, sondern darin, daß es sich herausstellt, daß sie Charles nicht kennt. Wie es Rinville ergangen ist, so würde es unter gleichen Umständen jedem andern Mann ergehen, sie hätte auch ihn für Charles gehalten. Sie verwechselt also Rinville mit jemand, den sie nicht kennt, und das ist unleugbar eine sehr witzige Art von Verwechslung. Deshalb hat diese Situation ein hohes Maß von Wahrscheinlichkeit, von dem man glauben sollte, daß es ihr nicht leicht zu verschaffen sei. Rinville ist denn auch insofern zum Narren gehalten, insofern er glaubt, einen Schritt weiter gekommen zu sein. Emmelines Charles ist nämlich ein X, ein *desideratur*, und man sieht hier offenkundig, was sonst im stillen geschieht, wie so ein kleines Jungfräulein es anstellt, sich ein Ideal zu bilden. Und dabei hat sie Charles seit acht Jahren geliebt und wird nie einen andern lieben.

Stößt man gelegentlich auf eine Replik, die etwas unkorrekt scheint, so quittiert Scribe mit einem Witz. So etwa Rinvilles Replik: »Gott sei Dank, ich fürchtete schon, ich wäre weiter gegangen, als ich wünschte.«

Emmeline erkennt Charles also wieder, oder richtiger, sie entdeckt ihn. Während nämlich Rinville nicht, wie man doch eigentlich hätte vermuten sollen, erfährt, wie Charles aussieht, so erfährt Emmeline es, und zwar ist dies überaus weislich eingerichtet, da sie es ja im voraus nicht wußte. Die Situation ist so wahnwitzig, daß man im Zweifel sein kann, ob man sagen soll, Rinville täusche Emmeline, oder Emmeline täusche Rinville; denn er ist ja gewissermaßen getäuscht, insofern er geglaubt hat, daß ein Charles wirklich existiert. Bei alledem aber liegt die unendliche Pointe darin, daß die Szene eine Erkennungsszene ist. Die Situation ist ebenso wahnwitzig, wie die Replik sein würde, wenn ein Mensch, der nie sein eigenes Bild gesehen hätte und es nun zum erstenmal im Spiegel erblickt, etwa sagte: ich erkenne mich selbst gleich wieder.

Emmeline und der vermeintliche Charles sind in der Wiedererkennung gerade bis zu dem Punkte gelangt, an dem sie bei Charles' Abreise unterbrochen wurden, als der Onkel sie durch seine Gegenwart erneut unterbricht. Er hat von Herrn Zacharias Auskünfte über Charles erhalten, die nicht eben besonders angenehm sind. Nun geht es über Rinville her. Die Situation ist wesentlich die gleiche wie zuvor; aber wir werden sehen, was der Dichter gewonnen hat. Charles' Taten sind von der Art, daß sie, schlecht und recht erzählt, den Gesamteindruck des Stückes beeinträchtigen könnten. Es gilt, ihnen einen gewissen leichtsinnigen Anstrich zu geben, damit sie nicht etwa ernsthaft wirken. Dies hat der Dichter auf zweierlei Weise erreicht. Die erste Nachricht, die man über Charles' Leben erhält, steht in der neunten Szene. Hier nun geht es über Rinville her, Rinville, der sich für Charles ausgegeben hat. Die Aufmerksamkeit des Zuschauers wird also von dem Ausführlichen der Erzählung ab- und auf die Verwechslung hingelenkt; statt an die einzelnen Züge denkt man nur noch an dumme Streiche im allgemeinen und an Rinvilles Verlegenheit und das Komische darin, daß man von ihm nähere Aufklärung verlangt. Die vollständige Nachricht erhält man in der 16. Szene aus Charles' eigenem Munde, jedoch nicht zu vergessen, daß Charles sich für Rinville ausgibt. Was allzu ernst oder allzu frech klingen würde, wenn Charles es in eigener Person erzählte, das erhält jetzt einen komischen, fast mutwilligen Anstrich dadurch, daß er es in Rinvilles Person erzählt, sein Inkognito dazu benutzend, es so phantastisch wie möglich zu machen. Hätte er sein Leben in eigener Person erzählt, würde man ein Bewußtsein dessen von ihm fordern und es im höchsten Grade unmoralisch finden, falls er es nicht hätte. Jetzt hingegen, da er alles in der Person eines andern erzählt, ja sogar um Emmeline zu ängstigen, findet man den phantastischen Anstrich seiner Erzählung in doppelter Hinsicht poetisch richtig.

Dervière hat also Auskünfte erhalten, der vermeintliche Charles sieht sich nicht imstande, diese zu berichtigen oder zu vervollständigen. Emmeline entdeckt nun, »daß er nicht mehr derselbe ist«. Das geht reichlich schnell, nachdem sie sich vollkommen überzeugt hat, daß er noch ganz der alte ist. Emmeline zeigt sich hier so recht in ihrem Element, es ist samt und sonders dummes Geschwätz, was sie sagt. Die Replik selbst verdient genauere Betrachtung, weil sie Anlaß gibt, sich weiterhin an der Situation zu ergötzen, die von einer neuen Seite in aller ihrer Lächerlichkeit beleuchtet wird. Der bloße Klang des Wortes »derselbe« wirkt als ein neues erregendes Ingredienz im Wahnwitz der Situation, man muß unwillkürlich lachen, weil man sich unwillkürlich fragen muß: derselbe wie wer? Derselbe wie der, als der er sich in der Prüfungsszene erwies. Man muß also daran denken, wie unvollkommen jene Prüfung war. Derselbe wie wer? Wie Charles, den sie nicht kannte.

Dazu kommt noch: wenn ich von jemand sage, er sei derselbe oder er sei nicht derselbe, so kann ich dies entweder in äußerem oder innerem Sinne verstehen, in bezug auf sein Äußeres oder auf sein inneres Wesen. Das letztere, sollte man meinen, sei für die Liebenden besonders von Wichtigkeit. Jetzt dagegen entdeckt man, daß die Prüfung sich damit überhaupt nicht beschäftigt hatte, und dennoch war er als derselbe befunden worden. Ganz zufällig kommt Emmeline zu der Überlegung, ob Charles sich denn hinsichtlich seines Charakters nicht doch verändert habe, und nun entdeckt sie, daß er nicht derselbe ist. Die negative Aussage, daß er in moralischer Beziehung nicht derselbe sei, enthält zugleich eine Affirmation, daß er in jeder anderen Beziehung noch derselbe sei. Jedoch Emmeline erklärt sich genauer. Sie sucht die Veränderung nicht darin, daß Charles ein Verschwender und möglicherweise etwas noch Schlimmeres geworden ist, sondern darin, daß er ihr nicht alles anvertraut, denn das ist sie gewohnt gewesen. Dies dürfte freilich eine von ihren Romanideen sein, die wohl eher dahin verstanden werden muß, daß sie es gewohnt war, wie in der Erkennungsszene, alles vor ihm herauszuplappern. Daß Charles es gewohnt war, ihr alles anzuvertrauen, das weiß sie gar nicht aus Erfahrung, sondern aus Romanen, aus denen man lernt, daß die Liebenden voreinander keine Geheimnisse haben dürfen. Wenn Charles ein entlaufener Raspelhäusler wäre, das würde sie nicht stören, sofern nur ihre erotische Neugierde dadurch befriedigt wird, daß er es ihr anvertraut. Der Versuch, den Emmeline macht, durch Betrachtung von Charles' Charakter sich von der Identität zu überzeugen, muß demnach als leeres Geschwätz gelten, das teils ihr ganzes Wesen, teils ihr übriges Geschwätz beleuchtet. Im gleichen Augenblick läßt sie daher diesen Gedankengang fallen und erhält nun einen weit sichereren Beweis dafür, daß er nicht derselbe ist, als sie nämlich entdeckt, daß er den Ring nicht hat. Jetzt bedarf sie keines weiteren Zeugnisses gegen ihn. Sie gibt daher zu, daß er getan haben könnte, was er wollte, das Verkehrteste, oder mit anderen Worten, daß er sich verändert haben könnte, soviel er nur wollte, er wäre doch derselbe geblieben, aber daß er den Ring nicht hat, das zeugt gegen ihn. Emmeline zeichnet sich durch eine eigene Art abstrakten Denkens aus. Was sie indessen nach und mittels der Abstraktion übrig behält, ist nicht so sehr Charles' reines Wesen, als vielmehr der Ring. Emmeline hat als der Geist des Ringes zu gelten, der dem gehorcht, »der den Ring an der Hand hat«.

Lapierre meldet einen neuen Besucher. Man wird sich darüber einig, daß es Rinville sein muß. Emmeline erhält Befehl, sich schön zu machen, und ruft aus: »Wie langweilig! Soll ich jetzt hingehn und mich schön machen um des fremden Mannes willen, den ich nicht ausstehen kann; das weiß ich schon im voraus.« Durch diese Replik wird der Zuschauer beizeiten auf die Ironie in einer der folgenden Situationen aufmerksam gemacht. Überhaupt darf Emmeline sich schmeicheln, das Schoßkind der Ironie zu sein. Diese ist ihr überall zu Willen und hat sie hernach doch zum besten. Emmeline will, daß der vermeintliche Charles ein schöner junger Mann sei, die Ironie ist ihr zu Willen. Dervière vermag es nicht zu sehen, er steht da als der Genarrte, Emmeline feiert Triumphe, und dabei wird doch sie am meisten zum Narren gehalten. Sie will, daß der vermeintliche Rinville ein Mann sei, den sie nicht ausstehen kann, ungeachtet der Vater sie unterrichtet, daß es ein exzellenter junger Mann sein soll. Die Ironie ist ihr wieder zu Willen, jedoch so, daß sie zum Narren wird.

Die 11. Szene ist ein Monolog Rinvilles. Dieser Monolog, scheint es, wäre besser weggelassen worden, da seine Wirkung in jeder Beziehung störend ist. Sofern es in der Ordnung wäre, Rinville das Feld behaupten zu lassen und ihn zu dem zu machen, der Charles als erster in Empfang nimmt, könnte sein Monolog gekürzt werden. Er würde dann auch nicht ohne Wirkung bleiben. Er könnte mit den Worten des Dichters folgendermaßen lauten: »Bravo! Es geht vortrefflich! Im Streit mit dem Vater, im Streit mit der Tochter, nun, das gesteh' ich, es ist ein Plan, der sich gut anläßt.« Dieser Monolog würde dann eine Art objektiver Reflexion über den Verlauf des Stückes enthalten. Würde der Dichter es für notwendig halten, den Monolog etwas auszudehnen, um Charles für sein Kommen Zeit zu geben, so könnte er ja Rinville einen kleinen Scherz mit sich selber darüber machen lassen, daß er am Ende vielleicht doch klüger daran getan hätte, in eigener Gestalt aufzutreten, und darüber, wie possierlich es sei, derart von Schlechtigkeit zu Schlechtigkeit verwandelt zu werden, je nachdem neue Depeschen über Charles einliefen. Man ließe ihn dann besser in dieser Überlegung von Charles' Replik in der Kulisse unterbrochen werden. So wie der Monolog bei *Scribe* schließt, spürt man zu deutlich, daß jetzt der Monolog zu Ende ist und eine neue Person erscheinen muß. Wenn Rinvilles Monolog auf diese Weise unterbrochen würde, fiele ein neues Licht auf Charles' abenteuerliche Eile, auf das Importune seines Auftretens, wodurch er sich immer wieder auszeichnet, *item* auf die kurzatmige Albernheit, die der Dichter seinen ersten Repliken so unvergleichlich aufgeprägt hat.

Doch dies ist weniger wichtig. Der Hauptfehler an diesem Monolog ist, daß die Operation, die Rinville andeutet, sich durchaus als Geschwätz, als eine bloß fingierte Bewegung erweist. Rinville erklärt, daß er Charles' Rolle nicht mehr zum Spaße spiele. Das hat er ja nie getan, vielmehr hat er ja zu Anfang selber drei solide Gründe dafür angegeben, daß er das Zustandekommen seiner Ehe mit Emmeline wünschen müsse. Sodann erklärt er, er wolle Emmeline daran hindern, ihn mit Charles zu verwechseln, er wolle sich davon überzeugen, daß sie ihn liebe und nicht die Erinnerung an Charles. Dies ist von äußerster Wichtigkeit für das ganze Stück, denn damit entscheidet es sich, wie oben dargelegt wurde, ob es in endlichem Sinne moralisierend oder in unendlichem Sinne witzig ist. Seine Operation muß also darauf abzielen, durch Charles' Person seine eigene ihm eigentümliche Liebenswürdigkeit sichtbar werden zu lassen. Das geschieht jedoch nicht, und wenn es geschehen wäre, so wäre das Stück ein ganz anderes geworden. Bei Emmeline dreht sich alles um den Ring, und als er in der 15. Szene mit ihm auftritt, da nimmt sie ihn zu Gnaden an, erklärt ihm, daß er noch derselbe sei usw. Rinville darf überhaupt um der Gesamtwirkung des Stückes willen nicht als poetische Figur aufgefaßt werden, was sich aus den einzelnen Beleuchtungen, die auf ihn fallen, auch nicht herausdemonstrieren läßt. Er ist ein Mann, der zu Jahren und völligem Verstande gekommen ist, der solide Gründe hat für das, was er tut. Es fällt daher hin und wieder ein komisches Licht auf ihn, weil es sich zeigt, daß seine soliden Gründe und sein Verstand ihm nur wenig helfen würden, so eine kleine romantische Gazelle wie Jungfer Emmeline zu fangen. Selbst wenn er ein absolut liebenswürdiger und dem Herzen eines jungen Mädchens gefährlicher Mensch wäre, über Emmeline würde er keine Macht bekommen, sie ist unverwundbar, nur dadurch wirkt er, daß er mit ihrer fixen Idee in Berührung kommt, und dann durch den Ring. Da aber das Hauptinteresse des Stückes seine wirkliche Liebenswürdigkeit neutralisieren würde, so ist es falsch, seine Liebenswürdigkeit zu akzentuieren, was der Dichter darum auch nie getan hat außer in diesem einen Monolog. In der Szene, in der Rinville am meisten mit Emmeline zu tun hat, kann natürlich ganz und gar keine Rede davon sein, daß er Gelegenheit hätte, seine persönliche Liebenswürdigkeit zu entfalten. Wenn ein junges Mädchen sich derart vor einem Manne verneigt, wie Emmeline es vor ihm tut, ihm ständig durch ihr Neigen die Gelegenheit zeigt, in ihr Herz hineinzuschlüpfen, so müßte Rinville ja ein vollkommener Tolpatsch sein, wenn er ihr nicht zu Hilfe kommen könnte. Diese Szene läßt also so wenig die Annahme zu, sie sei darauf angelegt, Rinvilles Liebenswürdigkeit zu zeigen, daß sie ihn vielmehr in ein etwas komisches Licht zu stellen scheint. Rinville ist offenbar ein Verstandesmensch; er hat sich in einem vorhergehenden Monolog etwas wichtig gemacht, hat dem Zuschauer wie seinen Freunden in Paris zu verstehen gegeben, daß er schon Manns genug sei, so ein kleines Jungfräulein zu zähmen. Es gelingt ihm auch, das ist wahr; könnten aber seine Freunde in Paris sehen, wie es zugeht, so hätten sie keine Gelegenheit, seine Gaben zu bewundern. Sein Verstand lehrt ihn, daß es möglich sei, sich für Charles auszugeben. So weit muß man ihm Gerechtigkeit widerfahren lassen. Nun ist es geschehen, nun muß er seine Liebenswürdigkeit zeigen, nun, denkt man, wird er vollauf zu tun bekommen, da zeigt es sich, daß er gar nichts zu tun hat, die schnellfüßige Emmeline, die in den Erinnerungen der Jugend zurückhastet, nimmt Herrn Rinville mit, und jeder Mann, der nicht ein kompletter Klotz wäre, wäre imstande, ihm dieses Meisterstück nachzumachen.

Was hier betreffs der Person Rinvilles dargelegt wurde, ist meiner Meinung nach von absoluter Wichtigkeit für das ganze Stück. Es darf keine einzige Figur darin geben, keine einzige szenische Tatsache, die Anspruch darauf machen könnte, den Untergang zu überleben, den die Ironie vom ersten Anfang an allem darin bereitet. Wenn dann der Vorhang fällt, ist alles vergessen, nur ein Nichts bleibt übrig, und das ist das einzige, was man sieht; und das einzige, was man hört, ist ein Gelächter, das als ein Naturtalent nicht von einem einzelnen Menschen kommt, sondern die Sprache einer Weltkraft ist, und diese Kraft ist die Ironie.

Charles tritt auf und trifft mit Rinville zusammen. Das Witzige der Situation liegt darin, daß Charles, dieser intrigante Kopf, zu spät kommt, nicht nur in bezug auf Herrn Zacharias, sondern vor allem in bezug auf die Intrige des Stückes. Seine Repliken sind hier wie überall meisterhaft, zugleich ebenso charakteristisch wie in die Situation eingefügt. Rinville gibt Charles den Rat, sich für Rinville auszugeben. Er hat die Idee dazu schon vollständig angedeutet, als Charles, der sich über eine Mystifikation unmöglich von einem andern belehren lassen könnte, ihn unterbricht und sich den Anschein gibt, als ob er selber es sei, der das Ganze inventiert. Doch erweist es sich alsbald, daß er nicht der Mann ist, dem auch nur das mindeste einfällt; er würde denn auch den Ring übersehen haben, wenn nicht Rinville ihn darauf aufmerksam gemacht hätte. Rinville erhält den Ring.

Charles stellt sich der Familie als Herr Rinville vor, seine Aufnahme ist hierdurch bedingt. Dervière findet ihn jünger und hübscher als Charles, Emmeline findet ihn ekelhaft, beide Urteile sind gleich unzuverlässig, und man darf sich wohl vermessen zu glauben, daß Emmeline es nicht einmal der Mühe wert gefunden hat, ihn anzusehen, sondern es kraft einer Inspiration weiß. Ähnlich ergeht es dem Vater. Die Situation enthält daher einen tiefen Spott über Charles, der diese günstige Aufnahme vermutlich seiner Gewandtheit zuschreibt und hofft, daß alles gelingen werde, wenn er nur bei seinem Inkognito bleibt.

Es folgt nun ein Monolog, in dem Emmeline mit ihrem Herzen zu Rate geht und dabei herausfindet, daß sie Charles nie vergessen, aber Rinville heiraten werde.

Rinville kommt, um Abschied zu nehmen und den

Ring abzuliefern. Sie versöhnen sich wieder. Diese Situation kennt man schon.

Nun folgt die glänzendste Situation des ganzen Stükkes. Es liegt ein Nimbus über ihr, eine Verklärung, sie hat eine Feierlichkeit, daß man fast wünschen möchte, im Hintergrunde Tante Judithe als Geist zu sehen, der auf seine beiden Schüler herniederschaut. Emmeline beschließt, sich dem vermeintlichen Rinville anzuvertrauen und alles aufzudecken. Diese Situation beleuchtet Emmeline und Charles vollkommen. Emmelines Treue wird völlig parodisch. Um keinen Preis will sie ihm entsagen, sie läßt sich weder durch Feuer noch durch Wasser schrecken, Charles' Verlegenheit wird groß und größer, da er sie loswerden möchte. Solch eine Treue ist ganz in der Ordnung; denn ein kleines Jungfräulein wie Emmeline pflegt immer am treuesten zu sein, wenn der Geliebte sie loswerden möchte. Charles, der, als er erfuhr, daß Herr Zacharias noch nicht mit dem Schlimmsten herausgerückt sei, ziemlich sicher war, sich mit seiner Gewandtheit aus dem Ganzen herauszuziehen, ist nun derjenige, der alles verrät. Die Gelegenheit ist allzu verführerisch. Er kann der Troubadour seines eigenen Lebens werden und hofft, auf diese Weise die Cousine loszuwerden. Es wurde schon früher daran erinnert, daß die Situation dadurch an Leichtigkeit gewinnt, daß Charles' Verirrung einen komischen Anstrich erhält. Man bekommt eine lebhafte Vorstellung von seinem Leichtsinn und seiner Geistesverwirrung, aber man entrüstet sich nicht, wie es der Fall sein würde, wenn er in eigener Person alles in gleicher Weise erzählte, und doch ahnt man, daß er es vermutlich tun würde. Man ahnt es, aber man hört es nicht. Charles richtet indessen nichts aus, er gefällt sich nur selber. Emmelines Treue kennt keine Grenzen. Schließlich gesteht Charles, daß er verheiratet ist. Es ist unglaublich, mit welcher Sicherheit der Dichter Emmeline zu ironisieren weiß. Sie hört, daß er verheiratet ist, und wird wütend. Der eine oder andere Zuschauer könnte vielleicht auf den Gedanken verfallen, daß der Grund, weshalb sie gegen Charles aufgebracht werde, der sei, daß sie jetzt alle seine schlechten Streiche kennengelernt habe. Keineswegs, lieber Freund! Du mißverstehst sie. Sie nimmt Charles, wenn sie ihn nur kriegen kann. Aber er ist verheiratet. Zwar würde sie finden, daß es ganz in der Ordnung gewesen wäre, wenn er in den acht Jahren kein anderes Mädchen angeschaut, sondern gewissenhaft den Mond betrachtet hätte. Doch darüber weiß sie sich hinwegzusetzen. Mag er zehn Mädchen verführt haben, sie nimmt ihn, sie nimmt ihn *à tout prix*, aber wenn er verheiratet ist, so kann sie ihn nicht nehmen. *Hinc illae lacrymae.* Wenn dies nicht die Meinung des Dichters wäre, so hätte er Emmeline etwas früher Charles unterbrechen lassen. Charles hat erklärt, daß er vielen Nachstellungen durch das weibliche Geschlecht ausgesetzt gewesen sei, daß er manche galante Abenteuer gehabt habe, daß er bisweilen in seiner Liebenswürdigkeit vielleicht etwas zu weit gegangen sei. Sie unterbricht ihn nicht, sie verspricht, alles für ihn zu tun, um ihn mit dem Vater zu versöhnen und ihn selber zu bekommen; denn es zeigt sich ja deutlich: Wenn sie ihn nicht bekommen kann (sobald sie hört, er sei verheiratet), so ist sie nicht diejenige, die vergißt, Lärm im

Lager zu schlagen. Charles fängt an, die Geschichte mit Pamela zu erzählen, sie hört ruhig zu. Und nun kommt das Entsetzliche, daß er verheiratet ist, da geht die Welt in Trümmer.

Die tiefe Ironie dieser Situation liegt also in Emmelines unverbrüchlicher Treue, die um keinen Preis von Charles ablassen kann, weil es sie das Leben kosten würde, sowie in der steigenden Verlegenheit von Charles, der sie nicht loswerden kann. Die ganze Szene ist gleichsam eine öffentliche Ausschreibung, bei welcher der ideale Charles an Emmeline verdungen wird. Schließlich endet das Ganze auf dem Punkt, an dem es sich zeigt, daß sie Charles nicht heiraten und Charles von seinen dummen Streichen nicht loskommen kann.

Emmeline schlägt Lärm, der Vater kommt herzu, er gelobt, er werde Charles nie verzeihen.

Jetzt erscheint der vermeintliche Charles. Emmeline hat den Vater gebeten, nicht zu hitzig zu werden, sie will ihn selbst ins Gebet nehmen. Man muß hier wie überall den Takt des Dichters bewundern. Die Szene muß nämlich lächerlich und die Situation ironisch werden, da man an dem vermeintlichen Rinville den Eindruck erkennt, den die donnernde Rede auf den vermeintlichen Charles machen sollte; der wirkliche Charles hat nämlich das Vergnügen, persönlich zugegen zu sein, während er selber *in effigie* hingerichet wird. Hätte der Dichter nun Dervière diese Rede halten lassen, so wäre das eine poetische Ungerechtigkeit gewesen. Der Onkel ist Charles' Wohltäter gewesen und hat einen rechtmäßigen Anspruch darauf, Charles gegenüber nicht zum Narren zu werden. Zwar ist der Onkel nicht so schlau wie das Mädchen, aber seine durch eine Reihe von Jahren erwiesenen Wohltaten setzen ihn Charles gegenüber ganz anders in Vorteil als so ein fahrlässiges Eheversprechen, wie dieser es Emmeline gegeben hat. Da hingegen alles, was Emmeline sagt, das Eheversprechen einbegriffen, sich als leeres Geschwätz erweist, so ist es nur in der Ordnung, daß auch diese Philippika so erscheint. Ihre alte Verliebtheit in Charles ist Geschwätz, ihre neue in Rinville ist auch Geschwätz; ihre Schwärmerei ist Geschwätz, ihr Zorn ist auch Geschwätz; ihr Trotz ist Geschwätz, ihre guten Vorsätze sind auch Geschwätz.

Emmeline macht also ihrem Zorn Luft, und der vermeintliche Rinville parodiert die Wirkung ihrer Rede mit den Mienen und Gebärden des wirklichen Charles. Als Glanzpunkt dieser Situation darf es gelten, daß sie das Geständnis macht, sie habe Charles wirklich geliebt. Die Konfusion ist hier vollkommen. Der nämlich, den sie nach eigenem Geständnis volle acht Jahre lang geliebt hat, ist Rinville, in dem sie mittels der Sympathie sofort Charles erkannte, von dem sie sich kurz darauf überzeugte, daß er nicht derselbe sei, den sie aber doch bald erneut am Ring wiedererkannte.

Schließlich löst die Verwechslung sich auf. Es zeigt sich, daß sie statt Charles Rinville bekommen hat. Damit ist das Stück zu Ende oder, besser gesagt, es ist nicht zu Ende. Dies habe ich bereits früher auseinandergesetzt, hier will ich das dort Dargelegte nur noch einmal mit ein paar Worten beleuchten. Ist es die Absicht des Stückes, zu zeigen, daß Emmeline ein vernünftiges Mädchen geworden ist, das, indem es Rinville wählt, eine vernünftige Wahl trifft, so ist im ganzen Stück der Akzent auf eine falsche Stelle gesetzt. Es wird uns nämlich in diesem Falle weniger interessieren, genau zu erfahren, in welchem Sinne Charles »verunglückt« ist. Was wir hingegen fordern, ist eine Aufklärung über Rinvilles Liebenswürdigkeit. Daraus, daß Charles ein liederlicher Vogel geworden ist, folgt nämlich noch keineswegs, daß sie Rinville wählen muß, es sei denn, daß man Scribe zu einem dramatischen Pfuscher herabsetzen will, der die szenische Konvenienz respektiert, daß jedes junge Mädchen heiraten muß und, wenn sie den einen nicht haben will, den andern zu nehmen hat. Versteht man das Stück hingegen so, wie ich es verstanden habe, so ist der Scherz völlig zwecklos, der Witz unendlich, das Lustspiel ein Meisterwerk.

Der Vorhang fällt, das Stück ist aus, nichts blieb bestehen; nur die großen Umrisse, in denen jenes phantastische Schattenspiel der Situation, das von der Ironie dirigiert wird, erscheint, bleiben für die Kontemplation zurück. Die unmittelbar wirkliche Situation ist die unwirkliche Situation, dahinter zeigt sich eine neue Situation, die nicht minder verkehrt ist und so fort. In der Situation hört man die Replik; wenn sie am allervernünftigsten ist, erweist sie sich als am unsinnigsten, und sowie die Situation sich entfernt, folgt die Replik mit, immer sinnloser ungeachtet ihrer Vernünftigkeit.

Um die Ironie in diesem Stück kontemplativ so recht zu genießen, muß man es nicht lesen, sondern es sehen; man muß es immer und immer wieder sehen, und wenn man dann noch das Glück hat, ein Zeitgenosse der vier

Bühnentalente zu sein, die auf unserem Theater in jeder Weise dazu beitragen, die Durchlässigkeit der Situation darzutun und ahnen zu lassen, so wird der Genuß mit jedem Male, da man es sieht, immer noch größer werden.

Mögen die Repliken in diesem Stück noch so witzig sein, man wird sie vergessen, die Situationen kann man unmöglich vergessen, wenn man sie einmal gesehen hat. Wenn man dann mit ihnen vertraut geworden ist, wird man das nächste Mal, daß man das Stück sieht, es lernen, für die szenische Darstellung dankbar zu sein. Ich weiß über die Aufführung dieses Stückes kein größeres Lob, als daß sie in so hohem Maße vollendet ist, daß sie einen die ersten Male durchaus undankbar macht, weil das, was man empfängt, das Stück ist, nicht mehr und nicht weniger. Ich kenne einen jüngeren Philosophen, der mir einmal einen Teil der Lehre vom Wesen vortrug. Es war alles so leicht, so einfach, so natürlich, daß ich, als er fertig war, beinahe die Achseln zuckte und sagte: Ist das alles? Als ich nach Hause kam, wollte ich die logischen Bewegungen reproduzieren, da zeigte es sich, daß ich nicht von der Stelle kam. Da merkte ich, daß es eine andere Bewandtnis damit haben müsse, ich empfand, wie groß seine Virtuosität und seine Überlegenheit über mich seien, ich empfand es beinahe als einen Spott, daß er es so gut gemacht hatte, daß ich undankbar wurde. Er war ein philosophischer Künstler, und so wie ihm ergeht es allen großen Künstlern, unsern Herrgott nicht ausgenommen.

Wie es mir mit meinem philosophischen Freunde erging, so erging es mir mit der Aufführung der »Ersten

Liebe«. Jetzt dagegen, da ich es immer wieder aufgeführt gesehen habe, auch auf anderen Bühnen, jetzt erst werde ich recht dankbar gegen unsere Bühnenkünstler. Sollte ich daher einem Fremden unsere Bühne zeigen, so würde ich ihn ins Theater führen, wenn dieses Stück aufgeführt wird, und dann würde ich, vorausgesetzt, daß er das Stück kennte, zu ihm sagen: Betrachte *Frydendahl*, wende die Augen von ihm ab, schließe sie, laß sein Bild vor dir erscheinen; diese noblen, reinen Züge, diese edle Haltung, wie kann dies das Gelächter erregen, öffne die Augen wieder und sieh *Frydendahl*. Betrachte Frau *Heiberg*, schlage die Augen nieder, denn Emmelines Liebenswürdigkeit könnte dir vielleicht gefährlich werden; höre auf dieses sentimentale Schmachten der Stimme, die Insinuationen des kindischen und launischen Mädchens, und wärest du dürr und steif wie ein Buchhalter, du mußt dennoch lächeln. Mach die Augen auf, wie ist es möglich? Wiederhole diese Bewegungen, so schnell, daß sie beide fast gleichzeitig werden im Moment, und du hast eine Vorstellung von dem, was dort geleistet wird. Ohne Ironie kann ein Künstler niemals skizzieren, ein Bühnenkünstler kann sie nur erzeugen durch Widerspruch, denn das Wesen der Skizze ist Oberflächlichkeit, und wo eine Charakterzeichnung nicht verlangt wird, besteht die Kunst darin, sich in eine Oberfläche zu verwandeln, was für die szenische Leistung ein Paradox und nur wenigen zu lösen gegeben ist. Ein unmittelbarer Komiker kann niemals den Dervière spielen, denn dieser ist kein Charakter. Emmelines ganzes Wesen ist Widerspruch und läßt sich daher unmittelbar nicht darstellen. Sie muß liebenswürdig sein, denn sonst ist die Wirkung des ganzen Stückes verscherzt; sie muß nicht liebenswürdig sein, sondern verschroben; denn sonst ist in einem andern Sinne die Gesamtwirkung des Stückes verloren. Betrachte *Phister*, dir wird beinahe übel, wenn du deinen Blick auf die unendlich fade Dummheit heften willst, die seinem Gesicht aufgeprägt ist. Und doch ist es keine unmittelbare Dummheit, sein Blick hat noch eine Schwärmerei, die in ihrer Blödigkeit an eine Vergangenheit gemahnt. Mit so einem Gesicht wird niemand geboren, es hat eine Geschichte. Ich erinnere mich, daß, als ich noch klein war, mein Kindermädchen mir erklärte, man dürfe keine Grimassen schneiden, und mir und andern Kindern zur Warnung eine Geschichte erzählte von einem Mann mit einem verkehrten Gesicht, das er selbst dadurch verschuldet hatte, daß er Grimassen schnitt. Es traf sich nämlich so sonderbar, daß der Wind sich drehte und der Mensch sein verkehrtes Gesicht behielt. Solch ein verkehrtes Gesicht läßt Phister uns sehen; es trägt noch Spuren der romantischen Grimassen, da aber der Wind sich drehte, hat es sich etwas verzerrt. Phisters Darstellung des Charles hat weniger Ironie, aber mehr Humor. Das ist völlig richtig, denn der Widerspruch in Charles' Wesen ist nicht so auffällig. Er soll für Rinville gelten nur in Dervières und Emmelines Augen, die beide, jeder auf seine Art, gleich parteiisch sind.

Betrachte *Stage*, freue dich über diese schöne männliche Haltung, diese gebildete Persönlichkeit, dieses leichte Lächeln, das Rinvilles eingebildete Überlegenheit über Dervières phantastische Familie verrät, und sieh dann diesen Vertreter des Verstandes mit in dieser Konfusion dahingewirbelt, die Emmelines inhaltslose Leidenschaft gleich einem gewaltigen Wind veranlaßt.

REINHARD PALM
DAS GLÜCK
BEIM GELDVERDIENEN

Eugène Scribe und das Theater

> Les succès produisent les succès,
> comme l'argent produit l'argent.
> *Chamfort*

Im Stadttheater von Timbuktu, auf einer chinesischen Bambusbühne und selbst im papuanischen Busch, kurz: weit über die Pariser Grenzen hinaus – so wußte es Théophile Gautier im Jahre 1840 zu berichten – seien Schauspieler damit befaßt, die Stücke des »Monsieur Scribe« aufzuführen. Das war eine Übertreibung, aber sie illustrierte das Unbehagen des Romantikers, in welchem Lande auch immer auf den Namen des erfolgreichen Vaudevillisten zu stoßen. Bereits 1817 hatte Stendhal in Italien die »bezaubernden Skizzen« seines Landsmannes gesehen; Prosper Mérimée kann 1830 nicht einmal in der spanischen Provinz »dieser erbärmlichen Mode« entkommen; und in Kopenhagen applaudiert der junge Student Sören Kierkegaard einigen der 900 Scribe-Aufführungen, die bis zu seinem Lebensende (1855) am Königlichen Theater stattfinden. In Wien sieht Carl Ludwig Costenoble zahllose Stücke »aus gallischer Taufe mit deutschem Wasser gehoben«. Leipzig, Weimar, Berlin; Manchester, Edinburgh, London; Moskau, St. Petersburg stehen nicht nach. Und während man sich im norwegischen Tromsoe »zwischen Eisbergen« die Winterabende mit Scribe verkürzt, seufzt Nerval in Kairo: »Oh Vaudeville, wo endet dein Ruhm?«

Das war im Frühling 1843. Fast zehn Jahre später

kam Nerval nach Den Haag, wo im Théâtre Royal Français des Scribesche Singspiel *Le Vieux Château* gegeben wurde. Das Auftragswerk »zum Zwecke der Förderung der französischen Dichtkunst« fand nur mäßigen Anklang (5 Aufführungen), und Nerval fragte den finanziell ruinierten Direktor, warum er ausgerechnet auf Scribe gekommen sei. »Mon Dieu«, anwortete dieser, »on ne sait à qui s'adresser entre tant de poètes français; on choisit alors celui qui tient la corde.« – »Et celui qui tient la corde«, soll Nerval ergänzt haben, »nous étrangle.« Diese schwer übersetzbare Pointe nahmen die Ereignisse auf fatale Weise beim Wort. Am verschneiten Morgen des 26. Januar 1855 wurde, nachdem er bei einer Temperatur von minus 18 Grad Celsius die Stadt durchirrt hatte, der ärmlich gekleidete Gérard de Nerval am Fensterkreuz einer zweifelhaften Pension in der Rue de la Vieille-Lanterne erhängt aufgefunden. Vier Jahre später stellte die Pariser Kritik einen Zusammenhang zwischen Nervals Selbstmord und seiner auf Scribe bezogenen Äußerung her. »Celui qui tient la corde nous étrangle« – hatte Nerval (am 22. Mai 1852) seinem Freund Joseph Méry geschrieben, und der Brief, der dieses verhängnisvolle Wortspiel enthielt, sollte nun – im Jahre 1859 – beweisen, daß Eugène Scribe Mitschuld am Tod des Romantikers trug, daß also die Antwort auf die kairinische Frage: »Oh Vaudeville, wo endet dein Ruhm?« füglich lautete: »Beim Selbstmord deiner Gegner.«

So jedenfalls stand es in der *Gazette de Paris* (vom 30. Januar 1859) in einem Artikel von Philibert Audebrand zu lesen, denn unerforschlich sind die Wege der

Dormeuil *(d. i. Jean-Joseph Contat Desfontaines), 1791-1867,
der Monsieur Dervière in der Uraufführung der* Premières Amours;
*kam 1820 ans Théâtre de Gymnase, spielte vornehmlich die Pères nobles;
1831 wurde er selbst Direktor des Palais-Royal-Theaters.*

Kritik und makaber. Doch der bald siebzigjährige Scribe, der von der Hämezunft einiges gewöhnt war, schaltete seinen Anwalt ein. In einem außerordentlich schnellen Verfahren wurden der Artikelschreiber und der Herausgeber zu je drei Monaten Haft sowie 2000 Francs Geldstrafe verurteilt. Zusätzlich mußte die Entgegnung in drei von Scribe bestimmten Journalen sowie in der *Gazette* selbst bis spätestens 20. Februar erschienen sein. Das Ende der *Gazette* war damit besiegelt – ihre letzte Nummer erschien im März 1859 –, nicht aber das Ende der Angriffe auf Scribe. Noch weit über seinen Tod (am 20. Februar 1861) hinaus gehörte es zum guten Ton, sich über ihn zu mokieren, galt er doch als Inbegriff des *schlechten und erfolgreichen* Literaten. Im Schrifttum ist ihn seine Popularität teuer zu stehen gekommen.

Gustave Flaubert etwa, der als Elfjähriger (im April 1832) seine Verwandtschaft mobilisiert hatte, damit sie im Billardzimmer des Rouener Vaterhauses einer (von ihm inszenierten) Scribe-Komödie beiwohne, schloß im Jahre 1874 aus den Lachern, die diese Stücke immer noch ernteten, daß Frankreich »krank, sehr krank« sei. Aber schon 1836, als Franz Grillparzer in Paris weilte, drehte sich ihm in der Comédie Française das Mittagessen im Leibe um, und Einheimische äußerten die Hoffnung, »daß diese gräßliche Epoche der Literatur bald vorüber sein werde«. Wenn Scribe als eine Art Selbstmordmotiv hinzustellen auch zu weit ging, so wirkte er auf fragile Gemüter mindestens gesundheitsgefährdend. Oft genug sollen ernsthafte Theaterbesucher, wütend über die sprachlichen Schnitzer, den Zuschau-

Vertpré (d. i. Fanny Vausgieu, auch Jenny genannt), 1797-1865, debütierte als Zehnjährige am Théâtre des Capucines, mit 13 zog sie bereits durch die Provinz und wurde 1825 ans Théâtre de Gymnase engagiert, um die Emmeline in Premières Amours zu spielen; eine »begehrte und gesuchte Frau«, sie verließ das Gymnase Anfang der 30er Jahre.

Legrand *(d. i. Jean-Baptiste Marié), 1796-1836, spielte den Charles in der Uraufführung der* Premières Amours; *eigentlich Sänger, Sohn eines Schlossers und wegen seiner schwerfälligen Komik ein Liebling des Pariser Publikums.*

erraum mit hochrotem Kopf verlassen haben, und ein Großteil der seriösen Kritik gefiel sich darin, grammatikalische Fehler, Hilflosigkeiten der Prosodie sowie stilistische Schlampereien zu beanstanden.

Nicht aber das reine Faktum des Erfolgs der Scribeschen Stücke erboste die bezahlten Fehlersucher, weniger noch waren die sprachlichen Mängelrügen bloß poetologischer Natur. Den Hintergrund dieses absurden Kampfes zwischen Zeitungspapier und Bühne bildete vielmehr ein kulturelles Machtgefüge, das die Lorbeeren mit der Launenhaftigkeit eines Bankhauses verteilte – und mit Vorliebe für die entschied, die sich seiner am unbedachtesten bedienten. Nicht also, daß Scribe trotz seines Unstils erfolgreich war, sondern daß dieser Erfolg die ihm zugestandenen Domänen überschritt, anders gesagt: Daß ein Vaudevillist vom Boulevard aus die Comédie Française eroberte, rief die Afterschreiber auf den Plan. Oder etwa: Daß der Verfasser eines Librettos, in dem sich »je t'aime« siebenundzwanzigmal auf »moi-même« reimte, Aufnahme in die erlauchte Académie Française fand – zu einer Zeit, als Victor Hugo schon zweimal gescheitert war.

Noch im März 1946, als ein Fauteuil in der Académie Française frei wurde, hatte Paul Claudel Hemmungen, sich dafür zu bewerben, weil es doch jener von Scribe gewesen sei. Ähnliche Vorbehalte plagten auch Baudelaire, der unmittelbar nach Scribes Tod unter den siebzehn Aspiranten auf den gleichen Platz aufschien und zumindest ein Jahr brauchte, um seine Kandidatur zurückzuziehen. Der Kampf um die Unsterblichkeit war eben nicht so edel, wie seine Sieger glauben machten.

Scribe, der zum ersten Mal 1830 kandidiert, aber durch die Umschwünge der Juli-Monarchie verloren hatte, ließ sich 1834, nach dem plötzlichen Tod des Dramatikes Antoine-Vincent Arnault, auf ein erhitztes Ringen um dessen Position ein; am 6. Oktober 1834 schrieb er an einen Freund:

»Il y a bien plus d'intrigues, de menées, de cabales, conciliabules, et des complots pour être académicien que pour être député. Sans compter que les députés et les ministres s'en mêlent.«

Diesmal ging Scribe als Gewinner hervor; es ist ein schöner Zufall, daß am Tag seines »Wahlsieges«, dem 27. November 1834, sein Stück *L'Ambitieux* in der Comédie Française Premiere hatte.

Gleich darauf bedauerte Scribe, wegen der Kandidatur »zweieinhalb Monate der schönen Saison« verloren zu haben. Doch erwies sich der Académie-Platz als zusätzlicher Sicherheitsposten in seiner Existenz; im Jahr 1835 plagte er sich nicht nur mit dem Aufsetzen seiner Antrittsrede ab (»Je n'ai pas l'habitude de ce genre de travail«, seufzte er), sondern erweiterte seinen Grundbesitz in Montalais und kaufte um 160000 Francs ein Landhaus in Séricourt dazu. Nerval lebte von 100 Francs monatlich, Chateaubriand bekam für das Manuskript seiner historischen Studien 25000 Francs, Scribes Jahreseinkommen belief sich 1835 auf 140000 Francs. Das Geld, das ihm seine Stücke brachten und über das er sein Leben lang peinlich Buch führte, war denn auch sein einziger – wahrlich nicht schwacher! – Trost gegen die Polemiken, die nach dem »Discours de réception à l'Académie Française« wieder einmal kulminierten.

Von den 374 Stücken, die die Gesamtausgabe der Werke Scribes enthält, wurden 24 an der Comédie Française uraufgeführt, fünf davon bis zu seiner Aufnahme in die Académie: *Valérie* (1822), *Le Mariage d'Argent* (1827), *Les Inconsolables* (1829), *Betrand et Raton ou l'Art de conspirer* (1833) und *La Passion Secrète* (1834). Die übrigen, deren berühmteste *La Verre d'Eau ou les Effets et les Causes* (1840), *Le Puff ou Mensonge et Vérité* (1848), *Adrienne Lecouvreur* (1849), *Bataille de Dames ou Un Duel en Amour* (1851) und *Les Doigts de Fée* (1858) waren, in loser Folge bis ins Jahr 1859 *(Rêves d'Amour)*. Eine qualitative Kausalität zwischen den Stücken für die Comédie und die Aufnahme in die Académie läßt sich freilich nicht herstellen.

Schon das Debüt an der Ersten Bühne Frankreichs kam nur duch einen äußeren Zufall zustande, den sich Scribe kraft seiner zielstrebigen Wendigkeit klug unterwarf. *Valérie*, die sentimentale Geschichte eines blinden Mädchens, das »vor Liebe sehend« wird, hätte am Théâtre du Gymnase uraufgeführt werden sollen. Als aber die Darstellerin der Titelrolle, die junge Léontine Fay, überraschend erkrankte, strich Scribe die Couplets, dünnte den Vaudeville zu einer Komödie in drei Akten aus und hob die Salonfähigkeit durch die denkbar beste Besetzung: die damals 42jährige Mademoiselle Mars, das komische Talent der Comédie Française, das noch mit sechzig in der Rolle der Célimène brillierte. Mademoiselle Mars war es dann auch, die Scribe im Jahre 1827 das rote Band der Légion d'Honneur ansteckte. Aber trotz ihres Engagements für *Le Mariage d'Argent*, das sie zur gleichen Zeit probierte, blieb auch diese Ko-

Gontier *(d. i. Georges Tonon Belloste), 1785-1841, der Rinville in der Uraufführung der* Premières Amours, *kam 1804 an die Comédie Française, ging dann aber mit Scribe 1820 ans Théâtre de Gymnase; 1832 mußte er sich wegen schwerer Gedächtnisstörungen zurückziehen.*

mödie nur ein mittelmäßiger Erfolg. Ähnlich erging es dem Stück *Les Inconsolables*, bis Scribe 1834 von den Beifallsstürmen zu *Bertrand et Raton* im wahrsten Wortsinn aufgeschreckt wurde. Er selbst hielt das Werk keineswegs für gelungen und notierte bitter, daß das Publikum die Statue nach dem Sockel, das Bild nach dem Rahmen bewerte:

»Ô public! bon enfant! que je me moquerais de toi, si tu n'étais pas mon père nourricier et si je ne te devais pas ma fortune!«

Besänftigt fügte er hinzu, daß der *Erfolg* dieses Stückes ihm die Tore zur Académie Française öffne und daß der Triumph seiner Schreibweise mindestens einen Überdruß an der romantischen Dramatik bezeichne, die seit Victor Hugos *Hernani* (Uraufführung am 25. Februar 1830) den Aufstand an der bedeutenden Staatsbühne probte.

Jedoch: der Skandal, durch den die Romantiker den sonst leeren Zuschauerraum der Comédie Française füllten, erschöpfte sich rasch in den Blutströmen und den »demokratisierten Alexandrinern«; denn unermüdlich spukten – wie Heinrich Heine bedauerte – die »Gespenster der alten Tragödie«, stäubte »der Puder der klassischen Perücken«. Nutznießer dieses »tragischen Juste-Milieu« zwischen überkommenen Klassiker-Aufführungen und den modernen Zwischenspielen der Romantik wurde der »bourgeoise Eugène Scribe«. *Bertrand et Raton* spielte zwar im Kopenhagen des Jahres 1772, zur Zeit Christian VII., aber von dem kalten Konspirationsgenie Bertrand und dem hitzköpfigen Seidenhändler Raton zog des Publikum automatisch Parallelen zum *politischen* Tartuffe Talleyrand und dem *politischen* Bankier Jacques Laffitte. Die La Fontainesche Fabel, die dem Stück seinen Titel gab, erzählte nämlich, daß diejenigen, die sich in einer Revolution die Finger verbrennen, niemals die sind, die davon profitieren. Scribe aber ging mit *Bertrand et Raton* noch über diese wehmütige Botschaft hinaus: Er empfahl, die Politik den Intriganten zu überlassen, und das Geld den Industriellen. Wo Geld und Politik, Industrie und Intrige sich vermischen, kommt es stets zu einem fruchtlosen Durcheinander, das am nachhaltigsten die Familie, d. h. die wirtschaftlichste Form des Zusammenseins, schädigt. Dabei muß die ihr zugrundeliegende Liebe keinerlei Wahrheit besitzen. Im Gegenteil: Selbst wenn man seine Frau nicht liebt, heißt es in einem der zahlreichen »Ehe-Stücke«, liebt man in ihr immer noch die Mutter seiner Kinder. Und allein zu deren Gunsten ist es notwendig, die uneingeschränkte Aufmerksamkeit dem Geld zu schenken. Auch weil es der einzige, rundum anerkannte Maßstab zwischen Menschen ist, die »passion universelle«. Während der Politiker an die Macht nur als Möglichkeit zur Rache denkt, geht es dem Industriellen einzig um Erfolg. Dieser läßt sich an Einkünften, nicht an Wahlergebnissen messen.

Unter solchem Aspekt ist es verständlich, daß Scribe im Juli 1830 die restaurierten Bourbonen mit gemischten Gefühlen stürzen sieht. Er mußte einer Ordnung dankbar sein, unter der er – in zehn Jahren – fast eine Million Francs verdient hatte, und die ihm nunmehr erlaubt, luxuriös logierter Zeuge ihres Untergangs zu sein. Nur als solcher kommt er in die vorteilhafte Posi-

Manuskriptseite von Les premières amours ou Les souvenirs d'enfance, *erste Szene.*

LES

PREMIÈRES AMOURS,

ou

LES SOUVENIRS D'ENFANCE.

SCÈNE PREMIÈRE.

EMMELINE, DERVIÈRE.

DERVIÈRE.

Mais enfin, réponds-moi : qu'est-ce que tu as? qu'est-ce qui te fâche? pourquoi depuis hier es-tu de mauvaise humeur?

EMMELINE.

Je n'en sais rien, mon papa; tout me déplaît, tout me contrarie.

DERVIÈRE.

C'est donc pour la première fois de ta vie; car tout le monde ici fait tes volontés, à commencer par moi.

EMMELINE.

Combien vous êtes bon! combien vous m'aimez!

DERVIÈRE.

Que trop! Mais quand on est veuf, qu'on est, comme moi, un des premiers maîtres de forges de la Franche-Comté, avec cinquante mille livres de rente, et une fille unique; qu'est-ce que tu veux

Beginn der ersten Szene von Les premières amours *aus der Ausgabe* Théâtre complet de M. Eugène Scribe, Seconde Édition ornée d'une vignette pour chaque pièce. Tome cinquième. Paris, Aimé André, Libraire-Éditeur 1884.

tion, sich flink auf den persönlichen Nutzen, den das neue System ihm bringen kann, einzustellen. Und so ist Scribe keineswegs »das antiromantische Talent«, als das er in der kümmerlichen Forschung firmiert, zumindest nicht von vornherein und noch weniger aus Überzeugung. Scribe hat sehr wohl den Kontakt zur Romantik gesucht, deren dramatisches Manifest Victor Hugo seinem *Cromwell* (1827) vorangesetzt hatte und die mit Alexandre Dumas' *Henri III. et sa Cour* (Uraufführung am 11. Februar 1829) und Alfred de Vignys *Le More de Venise* (Uraufführung am 24. Oktober 1829) ihre Bühnentüchtigkeit zu beweisen versuchte, ehe es zur allabendlichen Schlacht um *Hernani* (ab März 1830) kam. Freilich ging es Scribe, der sowohl an *Hernani* als auch an *Le Roi s'amuse* (Uraufführung am 22. November 1833) Gefallen fand, um ein säuberliches Aufwiegen seiner szenischen Ideen gegen die poetischen Leistungen eines Hugo oder Dumas; die Briefe, mit denen er sich zu einer Zusammenarbeit anbietet, erinnern sprachlich an Eheverträge, deren einziges Ziel eine geregelte Scheidung ist, anders ausgedrückt: allseitige Absicherung des Einsatzes gegen Verlust, Umwandlung des Ergebnisses in Gewinn.

Es gehört jedoch zur Selbstdefinition der Romantik, daß sich ihre Verse nicht mit Geld aufwiegen lassen, auch wenn es sich um »demokratisierte Alexandriner« handelt. Scribe, der um die Kurzlebigkeit des Erfolges wußte und langwierigen Verhandlungen ein rasch verwertbares Produkt vorzog, wandte sich einem weniger komplizierten, sprichwörtlich geduldigen Partner zu, dem Roman *Indiana* von George Sand; dieser war 1832 erschienen und wurde bereits am 11. März 1833 als Theaterstück unter dem Titel *Le Gardien* uraufgeführt.

Die Einspielergebnisse bewiesen Scribe einmal mehr, daß die Fragilität der Mode das Theater zu schnellem Reagieren zwingt und daß es dazu – eben! – ein reaktionsschnelles Theater braucht, was die Comédie Française nur im äußersten Notfall war. So kam der romantische Vaudeville – fast wie ein Widerspruch in sich selbst – am bewährten Théâtre du Gymnase heraus, wo das Publikum dankbar über die »Fehler des Autors« (eine *stehende Wendung* Prosper Mérimées) hinweglachte, weil sie den Garant für anekdotische Frische und frivole Problemabhandlung bildeten. Und Scribe führte zu genau über seine Einnahmen Buch, um sich von einem Erfolg an der Comédie blenden zu lassen; in der Bilanz des Jahres 1834, das in vieler Hinsicht ein »Schlüsseljahr« ist, notiert er:

»On avait beau me dire autrefois: Faites de grands ouvrages, faites de grands ouvrages, faites de comédies. Elles ne m'auraient mené à rien qu'à rester inconnu. Si *Bertrand et Raton* ont fixé l'attention publique, c'est qu'à l'époque où je l'ai donné j'avais déjà quelque réputation, et puis c'est que l'ouvrage était encore un vaudeville, un vaudeville en grand. Voilà ce que veut le public. Mais la comédie! il n'en veut pas.«

Nicht bloß als Quelle für Scribes Reichtum war also »der Boulevard« von Belang, sondern – durch seine Reaktionsschnelligkeit und die damit verbundenen Flüchtigkeitsfehler – auch als unmittelbar stilprägendes Element. Seine Freunde wie seine Feinde beschrieben Scribe als einen Menschen, der »keine Zeit« hatte, der in einer Viertelstunde eine Szene bis zu dreißigmal änderte und auf den Proben »wie ein General« an den Schauspielern manipulierte, wobei er auch (laut Mme. Plessy, die Grillparzer »ein Himmelslicht unter den Höllenbreughels der Comédie Française« nannte) gelegentlich ein Taschentuch aufgegessen haben soll. Alles, sagte Scribe, sei am Theater erlaubt, nur nicht die Langeweile. Der Zuschauer müsse so fröhlich durch die Handlung geführt werden »wie in der Eisenbahn«, und tatsächlich wird Scribe in vielen Karikaturen mit diesem raumtötenden Gefährt in Verbindung gebracht. Denn die Szene hat sich im Vaudeville der Handlung, die Figur der Rolle zu unterwerfen, und beide sollen sich jeden Augenblick ihres Ziels bewußt sein. Diese einmal gestiftete Zielstrebigkeit setzt alle Beteiligten unter »Zugzwang« und vereitelt »sinnlose Problematisierungen«. Selbst in den – mit Vorliebe für Mädchenfiguren geschriebenen – Monologen sollen die berühmten drei Punkte Spielbrüche und nicht Pausen signalisieren. Als ein Kritiker Scribe dreiundachtzig Pünktchen und unvollständige Sätze vorwarf, antwortete dieser, daß Mädchen eben nur die Hälfte dessen sagen, was sie denken. Außerdem, fügte er hinzu, lebe man »von guter Suppe und nicht von schöner Sprache«. Einem Wohlgesonnenen, dem Freund und Mitarbeiter Ernest Légouvé, gegenüber verriet er aber den Namen seines Stils:

»Ma phrase n'est peut-être pas très-orthodoxe, mais la situation court; il faut que la phrase fasse comme elle; c'est ce que j'appelle le style économique.«

Nun findet sich inmitten dieses auf dialogische Sparsamkeit und glatte Handlungsführung bedachten *style économique* ein retardierendes Element, das einer ganzen Stückegattung seinen Namen gab: der Vaudeville.

Im allgemeinen gilt der Vaudeville als possenhaftes Singspiel, das gegen Ende des 18. Jahrhunderts in Frankreich aufgekommen ist, im besonderen als eine seit dem 15. Jahrhundert nachgewiesene Liedart (Vaudeville-Chanson) aus dem westfranzösischen Val-de-Vire bzw. Vau-de-Vire. Es handelt sich bei diesen – ursprünglich dem Normannen Olivier Basselin zugeschriebenen – Chansons um Spott- und Trinklieder, die auf allgemein bekannte Melodien neue Texte legten. Als populäre, wenn auch nicht anonyme Kommentare zum Alltagsgeschehen sollen sie sich rasch verbreitet haben, so daß sie im Gegensatz zu den aristokratischen *airs de cour* nunmehr *voix-de villes* genannt wurden. Formal setzten sie sich aus Couplets von vier bis acht Versen zusammen, welche jeweils von einem Refrain unterbrochen oder abgeschlossen wurden. Dieser Refrain war sehr oft onomatopoetisch, und aus dem »Ture lure flon flon flon« ist überhaupt der *Flon-flon* der Operette geworden und – ein Schimpfwort für seichte Theaterliteratur, das auch Scribe oft genug zu hören bekam. Inhaltlich, wenn diese Trennung erlaubt ist, hat der Chronist der Pariser Kleinbühnen, Nicolas Brazier, vom Vaudeville zumindest gefordert: »Le vaudeville doit toujours être de l'opposition.« Und Ernest Legouvé erzählte von den Scribeschen Strophen:

»Chacun de ces couplets de vaudeville était pour nous une consolation et comme une sorte de revanche.«

Von dieser Opposition geht Scribe, trotz aller zur

Eugène Scribe in jungen Jahren. Nicht datierte Lithographie von W. Pobrida.

Eugène Scribe um 1850.

Schau getragenen Demut, auch in seinem »Discours de réception à l'Académie Française« am 28. Januar 1836 aus. Denn er beruft sich nicht auf das halbe Dutzend Stücke, das bis dahin an der Comédie Française zur Uraufführung gekommen war, wodurch er (wie schon beschrieben) in eine vertrackte Beziehung zur blutigen Romantik *und* zum staubigen Klassizismus geriet:

»Si parfois sur un théâtre plus élevé j'ai taché de tracer quelques tableaux d'une plus grande dimension, de pareils efforts ne me donnent pas le droit de me regarder ici comme un des représentants de la comédie.«

Nein. Scribe beginnt nach den üblichen rhetorischen Ritualen unter den »klassischen Gewölben« vom *Val-de-Vire* zu sprechen und versucht die Geschichte Frankreichs an der Geschichte des Chansons nachzuzeichnen: denn das sei der Vorteil des Chansons gegenüber der Komödie, gegenüber allen Archiven und Büchern, daß es eine unversiegliche Quelle (für die Geschichte) des Lebensalltags bilde:

»Il me semble qu'à l'aide de ces joyeuses archives, de ces annales chantantes, on pourrait facilement retrouver des noms, des dates, des évènements oubliès par la comédie, ou des personnages historiques épargnés par elle.«

Zwischendurch beginnt Scribe immer wieder selbst zu »singen« und *Flon-flons* zu zitieren, die in diesen Hallen und auf diesen Fauteuils bestimmt noch nie gehört wurden.

Die Franzosen, hat Beaumarchais gesagt, sind ein Volk, bei dem alles mit einem Lied endet. Für seine Rede kann Scribe diesen Aphorismus nicht nutzbar machen, hat sich doch mittlerweile eine andere Gattung das Recht aufs letzte Wort angemaßt: die Presse. Was sie mit dem Monarchen gemein hat, ist der Wunsch, aller Welt die Wahrheit sagen, ohne diese selbst hören zu wollen. Und so fordert Scribe die Vaudeville-Komödie in den Zeugenstand der Geschichte; daß Thalia »während der Restauration Epauletten trug« erscheint ihm ebenso selbstverständlich wie der Zwang, tagtäglich bzw. allabendlich auf die Lächerlichkeiten der Gesellschaft zu reagieren, auf die *ridicules du jour*.

Unter diesem Gesichtspunkt erscheint der Vorwurf der Kritiker – Scribe bleibe im Vergänglich-Fehlerhaften stecken – wie eine bloße Charakterisierung: Sie sprechen seinen Stücken immerhin den Wert eines »Modealbums« zu, das nicht mehr *den* Marquis, Bourgeois, Marchand oder Médecin präsentiert, nur noch den Bourgeois in seinen an der häuslichen Existenz sich messenden Interessens- und Berufssparten. Auch sind die Figuren keine personifizierten Eigenschaften (wie etwa *der* Geizige, Heuchler, Hypochonder, Pedant oder prahlerische Soldat), noch bringt es die Bourgeoisie zu überfamiliär bestimmten Typen. Das Charakterhafte löst sich in der Schrulle auf, und es ist kein Zufall, wenn Théophile Gautier von den Scribeschen Mädchenfiguren etwa sagt, daß ihre Taille schlanker sei als ihr Arm und das Auge größer als der Mund. Diese von der Zielstrebigkeit der Handlung erzwungene Charakterreduktion und das Gedrängtsein der Figur in die Rolle bringen das Personal, das die Stücke Scribes bevölkert, an den Rand der Schablone. Als solche sucht sie die Gemeinsamkeit oder das bourgeoise *juste milieu* zwischen der derb-drastischen Posse und der *comédie larmoyante*, dem weinerlichen Lustspiel (so nannte es Lessing). Wenn auch – wie Scribe selber zugab – daraus keine »große Komödie« entsteht, so dient die Schablone zumindest dem Zweck des Zeitgewinns und trägt vom Inventar her das ihre zum *style économique* bei.

Einer künstlerischen Rechtfertigung bedarf die Schablone freilich nicht, verhehlt doch der von ihr mitgeprägte Stil alles andere als – die Ökonomie. Sie war Scribes ungewöhnliche Begabung, und man könnte sagen, daß sein Beitrag zur dramatischen Literatur in deren Industrialisierung bestand, nicht nur was die *produktive* Seite (die manchmal an Lope de Vega erinnert) betrifft. So brachte ihm die Unmenge der Mitarbeiter und Stoffe, deren er sich bediente, den Beinamen »Don Juan dramatique« ein, dem er im an die *amis-collaborateurs* gerichteten Vorwort zur Gesamtausgabe seiner Werke alle Ehre macht:

»Le peu d'ouvrages que j'ai composés seul ont été pour moi un travail; ceux que j'ai faits avec vous étaient un plaisir.«

Die Fruchtbarkeit war für Scribe ein Nebeneffekt seines Arbeitstempos, seines Widerstands gegen Rückschau und Festlegung. Das wahre Talent, so Scribe, steht niemals still, es entzieht sich dank seiner Geschwindigkeit jeder Kritik. Für Théophile Gautier, dem man Gewissenhaftigkeit nicht absprechen kann, war das Grund genug, Scribe überhaupt aus dem Reich der Literatur zu verbannen und in die Industrie abzuschieben:

»Aussi le théâtre n'a t-il plus rien de commun avec la

Karikatur von Benjamin Roubaud auf Scribes »größtes Talent«.

littérature. C'est une industrie à part où la poésie, la philosophie et la critique n'ont rien à voir.«

Auch in Heinrich Heines Bericht über die musikalische Saison 1844 scheint Scribe ganz selbstverständlich als »berühmter Librettofabrikant« auf, und man erfährt, daß er ohne vorherige Bürgschaft durch ein Bankhaus (»daß bei etwaigem Durchfall eine namhafte Summe als Abtrittsgeld ausbezahlt werde«) zu keinen Aufführungsverträgen mehr bereit ist. So hat er nicht nur die Produktion, sondern auch die Verwertung seiner Dramen industrialisiert.

Als Scribe seine ersten Stücke auf der Bühne sah, wurden in einem durchschnittlichen Vaudeville-Theater pro Abend etwa 4000 Francs eingespielt, der Autor bekam davon zwischen 3 und 12 Francs ausbezahlt, je nach Laune des Direktors (die Zahlen stammen aus einer unveröffentlichten Scribe-Biographie in der Bibliothèque Nationale und beziehen sich auf das Jahr 1811). Dieser demütigenden Befindlichkeit machte Scribe ein Ende, indem er die anteilige Entlohnung für Theaterautoren, die Tantième, durchsetzte.

In seiner Abhandlung *Leben und leben lassen* hatte Lessing (um 1780) gefragt:

»Wie? Es sollte dem Schriftsteller zu verdenken sein, wenn er sich die Geburten seines Kopfes so einträglich zu machen versucht, als nur immer möglich? Weil er mit seinen edelsten Kräften arbeitet, soll er die Befriedigung nicht genießen, die sich der gröbste Handlanger zu verschaffen weiß – seinen Unterhalt seinem eigenen Fleiße zu verdanken zu haben?«

Zu Lessings Zeiten hieß in Deutschland ein Honorar

noch »Autorenaufmunterung«, und Schiller erhielt etwa für *Maria Stuart* im Jahre 1800 einen Betrag von 117 Taler ausbezahlt (was bei aller Umrechnungsproblematik heutigen 3000 DM entspricht). Doch sollten die deutschen Dramatiker noch bis zum Jahre 1844 auf die Einführung der Tantième warten müssen.

In Frankreich freilich hatte Beaumarchais bereits die ersten Grundlagen zum urheberrechtlichen Schutz von Bühnenwerken geschaffen. Dank des Erfolgs seines nach mehrjährigem Verbot 1784 uraufgeführten Stückes *La Folle Journée ou le mariage de Figaro* gelang es ihm, von den Direktoren der Provinzbühnen höhere Honorare als üblich zu fordern – allerdings nur solange, solange das Stück nicht gedruckt war. Der aus der Shakespeare-Zeit überkommene Mißstand, daß gedruckte Werke unentgeltlich und ohne Zustimmung des Autors aufgeführt werden durften, brachte nicht nur Verdienstentgang für die Dramatiker mit sich, sondern oft auch eine empfindliche Entstellung des ursprünglichen Textes. Der einfachste Weg zu einem Aufführungsrecht war nämlich, bei der Premiere den Text mitzuschreiben und ihn umgehend drucken zu lassen: damit war das Werk frei. Beaumarchais' Bemühungen gingen nun dahin, daß die Aufführung eines Werkes in *jedem* Fall der Zustimmung des Autors bedürfen soll. Durch ein königliches Dekret erlangte er mit seinen Kollegen zumindest: Honorar auch bei nicht mit dem Urheber vereinbarten Aufführungen. (Die Crux dabei war, daß der Urheber davon wissen mußte.) Der erste, gegen alles Monarchisch-Willkürliche gerichtete Schwung der Revolution kam Beaumarchais insofern zupaß, als er durch

Karikatur von Benjamin Roubaud auf Scribes »industrielle« Schreibweise – Scribe mit seinen Mitarbeitern Mélesville, Bayard, Caramouche und Dupin.

Altersbildnis von Eugène Scribe, photographiert von Nadar.

eine *Pétition à l'Assemblée nationale* beim neu verwalteten Staat Schutz »gegen die Übergriffe der Theaterdirektoren« suchte. Ein Gesetz vom 13. Januar 1791 trug zum ersten Mal der Doppelnatur des dramatischen Werkes vollkommen Rechnung: Hier wurde das Aufführungsrecht genau von dem Recht, ein Bühnenwerk zu drukken oder zu verkaufen, geschieden. Allerdings waren die Anteile noch ganz der freien Übereinkunft mit den Unternehmern überlassen. Die Schutzfrist erstreckte sich anfangs auf die Lebenszeit, dann 5 Jahre über den Tod des Urhebers hinaus, 1844 wurde sie auf 20 Jahre, 1854 auf 30 Jahre, 1866 auf 50 Jahre erweitert. Da hatte bereits die 1827 gegründete *Société des auteurs et compositeurs dramatiques*, der Scribe mehrmals in seinem Leben erfolgreich vorstand und als deren oberstes Ehrenmitglied er noch heute firmiert, ihre Wirkung gezeigt. Scribes Ziel bestand seit Beginn seiner literarischen Tätigkeit darin, auf die profanste Weise von ihr leben zu können. Er wollte beweisen, daß Talent und Reichtum sich nicht auszuschließen brauchen, daß Schreiben ein Vehikel zu Freiheit und Unabhängigkeit sein kann: INDE FORTUNA ET LIBERTAS stand später auf seinem persönlichen Signet in Rundschrift um eine Feder.

»Il me semble qu'il n'y a qu'à prendre la plume et qu'il y a des succès dans mon encrier«, schreibt er 1820, im Eröffnungsjahr des von ihm mitfinanzierten Théâtre du Gymnase, das ein Jahrzehnt lang pro Saison rund 15 seiner Stücke aufführen und dank dieses Exklusivvertrags das erfolgreichste Theater von Paris (ab 1824 unter dem Patronat der Duchesse de Berry) sein wird. Hier, am Boulevard Bonne-Nouvelle triumphiert der Meister der »Viertelstundengattung« (wie Heinrich Laube die Vaudevilles nannte), und sein jugendlicher Wunschtraum, daß das Publikum und die Direktoren ihm die Arbeit teuer bezahlen sollten, erfüllt sich allabendlich an der Kasse. Scribe, schreibt Heinrich Heine später, ist der Mann, »der einst das große Wort aussprach: ›Das Gold ist eine Chimäre!‹ und der dennoch dieser Chimäre beständig nachläuft. Er ist der Mann des Geldes, des klingenden Realismus, der sich nie versteigt in die Romantik einer unfruchtbaren Wolkenwelt und sich festklammert an der irdischen Wirklichkeit der Vernunftheirat, des industriellen Bürgertums und der Tantième.«

Da die Tantième ein allgemeines Abkommen zwischen Theaterleitung und Autor darstellt, kam sie nicht Scribe allein zugute. Die *Société des auteurs et compositeurs dramatiques* bemühte sich vielmehr, über eine obligatorische Abgabe von 1,20 Francs pro Stück einen Fonds für Anfänger, verarmte Künstler und deren Angehörige zu speisen. Unzählige Autoren, die Scribe künstlerisch verachteten, vergaßen, was sie seinem Einsatz, seinem verhandlungsfördernden Erfolg zu verdanken hatten. So ist es vielleicht nur ein romantischer Zufall, daß Scribe in Geschäften starb. Am 20. Februar 1861, nach einer Besprechung mit dem neuen Präsidenten der *Société des auteurs et compositeurs dramatiques*, Auguste Maquet, fand sein Diener ihn tot in seiner Kutsche vor. Er war *in Fahrt* gestorben und hat seine Maxime »Le vrai talent ne s'arrête pas!« auf unbezahlbare Weise erfüllt.

ANHANG

Werkchronik Eugène Scribe
Literaturhinweise

WERKCHRONIK VON EUGÈNE SCRIBE

Nach dem Titel und der Gattungsbezeichnung steht
der Name des Mitarbeiters bzw. Koautors. Danach das Theater
und das Datum der Uraufführung.

1811 *Les Dervis.* Vaudeville in einem Akt. G. Delavigne. Théâtre du Vaudeville, 2. September 1811.
1812 *L'Auberge, ou les Brigands sans le savoir.* Vaudeville in einem Akt. G. Delavigne. Théâtre du Vaudeville, 19. Mai 1812.
Thibaut, Comte de Champagne. Vaudeville in einem Akt. G. Delavigne. Théâtre du Vaudeville, 27. September 1812.
1813 *La Chambre à coucher, ou une Demi-Heure de Richelieu.* Komische Oper in einem Akt. Guénée. Théâtre de l'Opéra-Comique, 29. April 1813.
1815 *La Bachelier de Salamanque.* Komödie in einem Akt. H. Dupin und G. Delavigne. Théâtre des Variétés, 18. Januar 1815.
Le Mort et le Bûcheron. Vaudeville in einem Akt. Théâtre du Vaudeville, 4. November 1815.
Encore une Nuit de la Garde Nationale, ou le Poste de la Barrière. Vaudeville in einem Akt. Poirson. Théâtre de la Porte-Saint-Martin, 15. Dezember 1815.
1816 *Flore et Zephyre.* Vaudeville in einem Akt. Poirson. Théâtre du Vaudeville, 8. Februar 1816.
Le Valet de son Rival. Komödie in einem Akt. G. Delavigne. Théâtre de l'Odéon, 19. März 1816.
Farinelli, ou la Pièce de Circonstance. Vaudeville in einem Akt. H. Dupin. Théâtre du Vaudeville, 25. Juli 1816.
Gusman d'Alfarach. Vaudeville in zwei Akten. H. Dupin. Théâtre du Vaudeville, 22. Oktober 1816.
Les Montagnes russes, ou le Temple à la mode. Vaudeville in einem Akt. Poirson und Dupin. Théâtre du Vaudeville, 31. Oktober 1816.
La Jarretière de la Mariée. Vaudeville in einem Akt. H. Dupin. Théâtre des Variétés, 12. November 1816.
Le Comte Ory, anecdote du XIe siècle. Vaudeville in einem Akt. Poirson. Théâtre du Vaudeville, 16. Dezember 1816.

1817 *Le Noveau Pourceaugnac.* Vaudeville in einem Akt. Poirson. Théâtre du Vaudeville, 18. Februar 1817.
Le Solliciteur, ou l'Art d'obtenir des Places. Komödie in einem Akt mit Couplets. Ymbert und Varner. Théâtre des Variétés, 17. April 1817.
Wallace, ou la Barrière Montparnasse. Vaudeville in einem Akt. Dupin und Poirson. Théâtre du Vaudeville, 8. Mai 1817.
Les Deux Précepteurs, ou l'Asinus Asinum. Komödie in einem Akt mit Couplets. Moreau. Théâtre des Variétés, 19. Juni 1817.
La Combat des Montagnes, ou la Folie-Beaujon. Vaudeville in einem Akt. H. Dupin. Théâtre des Variétés, 12. Juli 1817.
Le Café des Variétés. Epilog im Vaudeville-Stil. H. Dupin. Théâtre des Variétés, 5. August 1817.
Tous les Vaudevilles, ou Chacun chez soi. Vaudeville in einem Akt. Désaugiers und Poirson. Théâtre du Vaudeville, 18. September 1817.
Le Petit Dragon. Komödie in zwei Akten mit Vaudevilles. Poirson und Mélesville. Théâtre du Vaudeville, 18. September 1817.
Les Comices d'Athènes, ou les Femmes Agricoles. Vaudeville in einem Akt, dem Griechischen des Aristophanes nachgeahmt. Varner. Théâtre du Vaudeville, 7. November 1817.
Les Nouvelles Danaïdes. Vaudeville in einem Akt. H. Dupin. Théâtre des Variétés, 3. Dezember 1817.
La Fête du Mari, ou Dissimulons. Vaudeville in einem Akt. H. Dupin. Théâtre de la Gaîté, 24. Dezember 1817.
1818 *Chactas et Atala.* Drama in vier Akten und verschiedenen Stilen. H. Dupin. Théâtre des Variétés, 9. März 1818.
Les Dehors Trompeurs, ou Boissy chez Lui. Vaudeville in einem Akt. Poirson und Mélesville. Théâtre des Variétés, 6. April 1818.
Une Visite à Bedlam. Komödie in einem Akt mit Vaudevilles. Poirson. Théâtre du Vaudeville, 23. April 1818.
Les Vélocipèdes, ou la Poste aux Chevaux. Vaudeville in einem Akt. Dupin und Varner. Théâtre des Variétés, 2. Mai 1818.
La Volière de Frère Philippe. Vaudeville in einem Akt. Poirson und Mélesville. Théâtre du Vaudeville, 15. Juni 1818.

Le Nouveau Nicaise. Vaudeville in einem Akt. H. Dupin. Théâtre des Variétés, 15. Oktober 1818.

L'Hôtel des Quatre-Nations. Vaudeville in einem Akt. Dupin und Brazier. Théâtre des Variétés, 7. November 1818.

1819 *Les Frères invisibles.* Mélodrame in drei Akten. Mélesville und Delestre-Poirson. Théâtre de la Porte Saint-Martin, 10. Juni 1819.

Le Fou de Péronne. Komödie in einem Akt mit Vaudevilles. Théâtre du Vaudeville, 18. Januar 1819.

Les Deux Maris. Komödie in einem Akt mit Vaudevilles. Varner. Théâtre des Variétés, 3. Februar 1819.

Le Mystificateur. Vaudeville in einem Akt. Poirson und Cerfbeer. Théâtre du Vaudeville, 22. Februar 1819.

Caroline. Vaudeville in einem Akt. Ménissier. Théâtre du Vaudeville, 15. März 1819.

Les Bains à la Papa. Vaudeville in einem Akt. Dupin und Varner. Théâtre du Vaudeville, 9. Oktober 1819.

Les Vêpres Siciliennes. Vaudeville in einem Akt. Mélesville. Théâtre du Vaudeville, 17. November 1819.

La Somnambule. Vaudeville in zwei Akten. Théâtre du Vaudeville, 6. Dezember 1819.

1820 *L'Ennui, ou le Comte Derfort.* Vaudeville in zwei Akten. Dupin und Mélesville. Théâtre des Variétés, 2. Februar 1820.

L'Ours de le Pacha. Vaudeville in einem Akt. Saintine. Théâtre des Variétés, 10. März 1820.

Le Spleen. Komödie in einem Akt mit Vaudevilles. Théâtre des Variétés, 20. März 1820.

Marie Jobard. Burleske Nachahmung in Versen und sechs Akten. Dupin und Carmouche. Théâtre des Variétés, 11. April 1820.

Le Chat Botté. Vaudeville in zwei Akten. Mélesville und Poirson. Théâtre du Vaudeville, 19. April 1820.

L'Homme Automate. Parade mit Couplets. Varner und Ymbert. Théâtre des Variétés, 10. Mai 1820.

Le Vampire. Vaudeville in einem Akt. Théâtre du Vaudeville, 15. Juni 1820.

L'Eclipse Totale. Vaudeville in einem Akt. H. Dupin. Théâtre des Variétés, 6. September 1820.

Le Témoin. Vaudeville in einem Akt. Mélesville und Saintine. Théâtre des Variétés, 28. September 1820.

Le Déluge, ou les Petits Acteurs. Vaudeville in einem Akt. Mélesville und Saintine. Théâtre des Variétés, 12. Oktober 1820.

L'Homme Noir. Enigma in einem Akt. H. Dupin. Théâtre du Vaudeville, 18. November 1820.

L'Hôtel des Bains. Vaudeville in einem Akt. H. Dupin. Théâtre des Variétés, 22. November 1820.

Le Beau Narcisse. Vaudeville in einem Akt. Saintine und de Courcy. Théâtre de la Porte-Saint-Martin, 9. Dezember 1820.

Le Boulevard Bonne-Nouvelle. Prolog im Vaudeville-Stil (Einweihung des Gymnase). Moreau und Mélesville. Théâtre du Gymnase, 28. Dezember 1820.

1821 *L'Amour Platonique.* Komödie. Mélesville. Théâtre du Gymnase, 18. Januar 1821.

Le Secrétaire et le Cuisinier. Vaudeville in einem Akt. Mélesville. Théâtre du Gymnase, 18. Januar 1821.

Frontin Mari-Garçon. Vaudeville in einem Akt. Mélesville. Théâtre du Vaudeville, 18. Januar 1821.

Le Colonel. Vaudeville in einem Akt. G. Delavigne. 29. Januar 1821.

L'Intérieur de l'Etude, ou le Procureur et l'Avoué. Vaudeville in einem Akt. H. Dupin. Théâtre des Variétés, 1. Februar 1821.

Le Gastronome sans Argent. Vaudeville in einem Akt. Brulay. Théâtre du Gymnase, 10. März 1821.

Le Parrain. Komödie in einem Akt. Delestre-Poirson und Mélesville. Théâtre du Gymnase, 23. April 1821.

Le Ménage de Garçon. Vaudeville in einem Akt. H. Dupin. Théâtre du Gymnase, 27. April 1821.

La Campagne. Vaudeville in einem Akt. Dupin und Mélesville. Théâtre des Variétés, 7. Mai 1821.

La Meunière. Komische Oper in einem Akt. Mélesville. Garcia. Théâtre du Gymnase, 16. Mai 1821.

La Petite Soeur. Vaudeville in einem Akt. Mélesville. Théâtre du Gymnase, 6. Juni 1821.

Le Mariage Enfantin. Vaudeville in einem Akt. G. Delavigne. Théâtre du Gymnase, 16. August 1821.

Les Petites Misères de la Vie Humaine. Vaudeville in einem Akt. Mélesville. Théâtre du Gymnase, 20. Oktober 1821.

L'Amant Bossu. Vaudeville in einem Akt. Mélesville und Vaudière. Théâtre du Gymnase, 22. Oktober 1821.

L'Artiste. Vaudeville in einem Akt. Perlet. Théâtre du Gymnase, 23. November 1821.

Michel et Christine. Vaudeville in einem Akt. H. Dupin. Théâtre du Gymnase, 3. Dezember 1821.

Philibert Marié. Vaudeville in einem Akt. Moreau. Théâtre du Gymnase, 26. Dezember 1821.

1822 *Le Plaisant de Société.* Vaudeville in einem Akt. Mélesville. Théâtre du Gymnase, 18. Februar 1822.

Mémoires d'un Colonel de Hussards. Komödie in einem Akt mit Vaudevilles gemischt. Mélesville.

La Demoiselle et la Dame, ou Avant et Après. Vaudeville in einem Akt. Dupin und de Courcy. Théâtre du Gymnase, 11. März 1822.

Le Paradis de Mahomet, ou la Pluralité des Femmes. Komische Oper in drei Akten. Kreutzer und Kreubé. Théâtre de l'Opéra-Comique, 23. März 1822.

La Petite Folle. Drama in einem Akt mit Couplets gemischt. Mélesville. Théâtre du Gymnase, 6. Mai 1822.

Le Vieux Garçon et la Petite Fille. Komödie in einem Akt. G. Delavigne. Théâtre du Gymnase, 24. Mai 1822.

Les Nouveaux Jeux de l'Amour et du Hasard. Vaudeville in einem Akt. G. Delavigne. Théâtre du Gymnase, 21. Juni 1822.

Les Eaux de Mont-Dore. Vaudeville in einem Akt. De Courcy und Saintine. Théâtre du Gymnase, 25. Juli 1822.

Le Petite Lampe Merveilleuse. Komische Märchenoper in drei Akten. Mélesville. Piccini. Théâtre du Gymnase, 29. Juli 1822.

La Veuve du Malabar. Vaudeville in einem Akt. Mélesville. Théâtre du Gymnase, 19. August 1822.

La Nouvelle Clary, ou Louise et Georgette. Vaudeville in einem Akt. H. Dupin. Théâtre du Gymnase, 11. November 1822.

L'Ecarté, ou un Coin du Salon. Vaudeville in einem Akt. Mélesville und Saint-Georges. Théâtre du Gymnase, 14. November 1822.

Le Bon Papa, ou la Proposition de Mariage. Vaudeville in einem Akt. Mélesville. Théâtre du Gymnase, 2. Dezember 1822.

1823 *La Loge du Portier.* Vaudeville in einem Akt. Mazères. Théâtre du Gymnase, 14. Januar 1823.

Leicester, ou le Château de Kenilworth. Komische Oper in drei Akten. Mélesville. Auber. Théâtre de l'Opéra-Comique, 25. Januar 1823.

L'Interieur d'un Bureau, ou la Chanson. Vaudeville in einem Akt. Ymbert und Varner. Théâtre du Gymnase, 25. Februar 1823.

Trilby, ou le Lutin d'Argeil. Vaudeville in einem Akt. Carmouche. Théâtre du Gymnase, 13. März 1823.

Le Plan de Campagne. Vaudeville in einem Akt. Dupin und Mélesville. Théâtre du Gymnase, 14. April 1823.

Le Menteur Véridique. Vaudeville in einem Akt. Mélesville. Théâtre du Gymnase, 24. April 1823.

La Pension Bourgeoisie. Vaudeville in einem Akt. Dupin und Dumersin. Théâtre du Gymnase, 27. Mai 1823.

La Maîtresse au Logis. Vaudeville in einem Akt. Théâtre du Gymnase, 9. Juni 1823.

Partie et Revanche. Vaudeville in einem Akt. Francis und Brazier. Théâtre du Gymnase, 16. Juni 1823.

L'Avare en Goguettes. Vaudeville in einem Akt. G. Delavigne. Théâtre du Gymnase, 12. Juli 1823.

Les Grisettes. Vaudeville in einem Akt. H. Dupin. Théâtre du Gymnase, 8. August 1823.

Le Valet de Chambre. Komische Oper in einem Akt. Mélesville. Carafa. Théâtre de l'Opéra-Comique, 16. September 1823.

La Neige, ou le Nouvel Eginhard. Komische Oper in vier Akten. G. Delavigne. Auber. Théâtre de l'Opéra-Comique, 8. Oktober 1823.

La Vérité dans le Vin. Vaudeville in einem Akt. Mazères. Théâtre du Gymnase, 10. Oktober 1823.

Le Retour, ou la Suite de Michel et Christine. Komödie in einem Akt. H. Dupin. Théâtre du Gymnase, 17. Oktober 1823.

Un Dernier Jour de Fortune. Vaudeville in einem Akt. Dupaty. Théâtre du Gymnase, 11. November 1823.

Rodolphe, ou Frère et Soeur. Drama in einem Akt. Mélesville. Théâtre du Gymnase, 20. November 1823.

Rossini à Paris, ou le Grand Dîner. Vaudeville in einem Akt. Mazères. Théâtre du Gymnase, 29. November 1823.

L'Héritière. Vaudeville in einem Akt. G. Delavigne. Théâtre du Gymnase, 20. Dezember 1823.

Valérie. Komödie in drei Akten. Mélesville. Théâtre Français, 21. Dezember 1822.

1824 *Le Coiffeur et le Perruquier.* Vaudeville in einem Akt. Mazères. Théâtre du Gymnase, 15. Januar 1824.

Le Fondé de Pouvoirs. Vaudeville in einem Akt. Carmouche. Théâtre du Gymnase, 18. Februar 1824.

La Mansarde des Artistes. Vaudeville in einem Akt. H. Dupin und Varner. Théâtre du Gymnase, 2. April 1824.

Les Trois Genres. Prolog in einem Akt. Théâtre de l'Odéon, 27. April 1824.

Le Leicester du Faubourg, ou l'Amour et l'Ambition. Vaudeville in einem Akt. Saintine und Carmouche. Théâtre du Gymnase, 1. Mai 1824.

Le Dîner sur l'Herbe. Vaudeville in einem Akt. Mélesville. Théâtre du Gymnase, 2. Juni 1824.

Concert à la Cour, ou la Débutante. Komische Oper in einem Akt. Mélesville. Auber. Théâtre de l'Opéra-Comique, 3. Juni 1824.

Le Baiser au Porteur. Vaudeville in einem Akt. Gensoul und de Courcy. Théâtre du Gymnase, 9. Juni 1824.

Les Adieux au Comptoir. Vaudeville in einem Akt. Mélesville. Théâtre du Gymnase, 9. August 1824.

Le Château de la Poularde. Vaudeville in einem Akt. Dupin und Varner. Théâtre de Madame, 4. Oktober 1824.

Le Bal Champêtre, ou les Grisettes à la Campagne. Vaudeville in einem Akt. H. Dupin. Théâtre de Madame, 21. Oktober 1824.

Léocadie. Lyrisches Drama in drei Akten. Mélesville. Auber. Théâtre de l'Opéra-Comique, 4. November 1824.

Coraly, ou la Soeur et le Frère. Vaudeville in einem Akt. Mélesville. Théâtre de Madame, 19. November 1824.

Monsieur Tardif. Vaudeville in einem Akt. Mélesville. Théâtre de Madame, 1. Dezember 1824.

La Haine d'une Femme, ou le Jeune Homme à marier. Vaudeville in einem Akt. Théâtre de Madame, 14. Dezember 1824.

1825 *Vatel, ou le Petit-fils d'un Grand Homme.* Vaudeville in einem Akt. Mazères. Théâtre de Madame, 18. Januar 1825.
La Quarantaine. Vaudeville in einem Akt. Mazères. Théâtre de Madame, 3. Februar 1825.
Le Plus Beau Jour de la Vie. Vaudeville in zwei Akten. Varner. Théâtre de Madame, 22. Februar 1825.
La Charge à payer, ou la Mère intrigante. Vaudeville in einem Akt. Varner. Théâtre de Madame, 13. April 1825.
Les Inséparables. Vaudeville in einem Akt. H. Dupin. Théâtre de Madame, 2. Mai 1825.
Le Maçon. Komische Oper in drei Akten. G. Delavigne. Auber. Théâtre de l'Opéra-Comique, 3. Mai 1825.
Le Charlatanisme. Vaudeville in einem Akt. Mazères. 10. Mai 1825.
Les Empiriques d'autrefois. Vaudeville in einem Akt. Alexandre. Théâtre de Madame, 11. Juni 1825.
Le Mauvais Sujet. Drama in einem Akt. Camille. Théâtre du Gymnase, 16. Juli 1825.
Les Premières Amours, ou les Souvenirs d'Enfance. Vaudeville in einem Akt. Théâtre de Madame, 12. November 1825.
La Dame Blanche. Komische Oper in drei Akten. Boieldieu. Théâtre de l'Opéra-Comique, 10. Dezember 1825.
Le Médecin des Dames. Vaudeville in einem Akt. Mélesville. Théâtre de Madame, 17. Dezember 1825.

1826 *Le Confident.* Vaudeville in einem Akt. Mélesville. Théâtre de Madame, 5. Januar 1826.
La Demoiselle à marier, ou la Première Entrevue. Vaudeville in einem Akt. Mélesville, 18. Januar 1826.
Le Testament de Polichinelle. Vaudeville in einem Akt. Moreau und Lafortelle. Théâtre de Madame, 17. Februar 1826.
Les Manteaux. Vaudeville in zwei Akten. Varner und Dupin. Théâtre de Madame, 20. Februar 1826.
La Belle-Mère. Vaudeville in einem Akt. Bayard. Théâtre de Madame, 1. März 1826.
L'Oncle d'Amérique. Vaudeville in einem Akt. Mazères. Théâtre de Madame, 14. März 1826.
La Vieille. Komische Oper in einem Akt. G. Delavigne. Fétis. Théâtre de l'Opéra-Comique, 14. März 1826.

La Lune de Miel. Vaudeville in zwei Akten. Mélesville und Carmouche. Théâtre de Madame, 31. März 1826.
Simple Historie. Vaudeville in einem Akt. De Courcy. Théâtre de Madame, 26. Mai 1826.
Le Timide, ou le Nouveau Séducteur. Komische Oper in einem Akt. Saintine. Auber. Théâtre de l'Opéra-Comique, 30. Mai 1826.
L'Ambassadeur. Vaudeville in einem Akt. Mélesville. Théâtre de Madame, 10. Juli 1826.
Le Mariage de Raison. Vaudeville in zwei Akten. Varner. Théâtre de Madame, 10. Oktober 1826.
Fiorella. Komische Oper in drei Akten. Auber. Théâtre de l'Opéra-Comique, 28. November 1826.

1827 *La Chatte Métamorphosée en Femme.* Vaudeville in einem Akte. Mélesville. Théâtre de Madame, 3. März 1827.
Le Loup-Garou. Komische Oper in einem Akt. Mazères. Mlle. Bertin. Théâtre de l'Opéra-Comique, 10. März 1827.
Les Elèves du Conservatoire. Vaudeville in einem Akt. Saintine. Théâtre de Madame, 28. März 1827.
Le Diplomate. Vaudeville in zwei Akten. G. Delavigne. Théâtre de Madame, 23. Oktober 1827.
La Marraine. Vaudeville in einem Akt. Lockroy und Chabot. Théâtre de Madame, 27. November 1827.
Le Mal du Pays, ou la Batelière de Brienz. Vaudeville in einem Akt. Mélesville. Théâtre de Madame, 28. Dezember 1827.

1828 *Le Prince Charmant, ou les Contes de Fée.* Vaudeville in einem Akt. Poirson und Dupin. Théâtre de Madame, 14. Februar 1828.
La Muette de Portici. Oper in fünf Akten. G. Delavigne. Auber. Théâtre de l'Opéra, 29. Februar 1828.
Yelva, ou l'Orpheline Russe. Vaudeville in zwei Teilen. Devilleneuve und Desvergiers. Théâtre de Madame, 18. März 1828.
Le Vieux Mari. Vaudeville in zwei Akten. Mélesville. Théâtre de Madame, 2. Mai 1828.
La Manie des Places, ou la Folie du Siècle. Vaudeville in einem Akt. Bayard. Théâtre de Madame, 19. Juni 1828.
Avant, Pendant, et Après. Historische Skizze in drei Teilen. De Rougemont. Théâtre de Madame, 28. Juni 1828.

Le Comte Ory. Oper in zwei Akten. Delestre-Poirson. Rossini. Théâtre de l'Opéra, 20. August 1828.

La Somnambule, ou l'Arrivée d'un Nouveau Seigneur. Pantomime in drei Akten. Aumer. Hérold. Théâtre de l'Opéra, 19. September 1827.

Le Baron de Trenck. Vaudeville in zwei Akten. G. Delavigne. Théâtre de Madame, 14. Oktober 1828.

Les Moralistes. Vaudeville in einem Akt. Varner. Théâtre de Madame, 22. November 1828.

Malvina, ou un Mariage d'Inclination. Vaudeville in zwei Akten. Théâtre de Madame, 8. Dezember 1828.

1829 *Théobald, ou le Retour de Russie.* Vaudeville in einem Akt. Varner. Théâtre de Madame, 12. Februar 1829.

Madame de Sainte-Agnès. Vaudeville in einem Akt. Varner. Théâtre de Madame, 20. Februar 1829.

Aventures et Voyages du Petit Jonas. Romantisches Stück in drei Akten. Dupin. Théâtre des Nouveautés, 28. Februar 1829.

Un Ministre sous Louis XV, ou le Secret re rester en place. Revue de Paris, April 1829.

La Belle au Bois Dormant. Pantomimisches Märchenballett in drei Akten. Aumer. Hérold. Théâtre de l'Opéra, 27. April 1829.

Le Jeune Docteur, ou le Moyen de Parvenir. Revue de Paris, Mai 1829.

Les Deux Nuits. Komische Oper in drei Akten. Bouilly. Boïeldieu. Théâtre de l'Opéra-Comique, 20. Mai 1829.

La Bohémienne, ou l'Amérique en 1775. Historisches Drama in fünf Akten. Mélesville. Théâtre du Gymnase, 1. Juni 1829.

La Fiancée. Komische Oper in drei Akten. Auber. Théâtre de l'Opéra-Comique, 10. Juni 1829.

Les Héritiers de Crac. Vaudeville in einem Akt. Mélesville. Théâtre de Madame, 21. August 1829.

La Famille du Baron. Vaudeville in einem Akt. Mélesville. Théâtre de Madame, 21. August 1829.

Les Actionnaires. Vaudeville in einem Akt. Bayard. Théâtre de Madame, 22. Oktober 1829.

Alcibiade. Oper in zwei Akten. Haussens. Brüssel, Grand-Théâtre, 30. Oktober 1829.

Louise, ou la Réparation. Vaudeville in zwei Akten. Mélesville und Bayard. Théâtre de Madame, 16. November 1829.

Le Mariage d'Argent. Komödie in fünf Akten. Théâtre Français, 3. Dezember 1827.

Les Inconsolables. Komödie in einem Akt. Théâtre Français, 8. Dezember 1829.

La Cour d'Assises. Vaudeville in einem Akt. Varner. Théâtre de Madame, 28. Dezember 1829.

1830 *La Seconde Année, ou à Qui la Faute?* Vaudeville in einem Akt. Mélesville. Théâtre de Madame, 12. Januar 1830.

Fra Diavolo, ou l'Hôtellerie de Terracine. Komische Oper in drei Akten. Auber. Théâtre de l'Opéra-Comique, 28. Januar 1830.

Zoé, ou l'Amant Prêté. Vaudeville in einem Akt. Mélesville. Théâtre de Madame, 16. März 1830.

Philippe. Vaudeville in einem Akt. Mélesville und Bayard. Théâtre de Madame, 19. April 1830.

Manon Lescaut. Pantomime in drei Akten. Aumer. Halévy. Théâtre de l'Opéra, 3. Mai 1830.

La Tête-a-Tête, ou Trente Lieuses en Poste. Revue de Paris, Juli 1830.

Le Foyer du Gymnase. Prolog mit Couplets. Théâtre du Gymnase, 17. August 1830.

Une Faute. Drama in zwei Akten mit Couplets. Théâtre du Gymnase, 17. August 1830.

La Conversion, ou à l'Impossible nul n'est tenu. Revue de Paris, Oktober 1830.

La Dieu et la Bayadère, ou la Courtisane Amoureuse. Oper in zwei Akten. Auber. Théâtre de l'Opéra, 13. Oktober 1830.

La Protectrice. Vaudeville in einem Akt. Théâtre du Gymnase, 2. November 1830.

Jeune et Vieille, ou le Premier et le Dernier Chapitre. Vaudeville in zwei Akten. Mélesville und Bayard. Théâtre du Gymnase, 18. November 1830.

1831 *La Famille Riquebourg, ou le Mariage mal assorti.* Vaudeville in einem Akt. Théâtre du Gymnase, 1. Januar 1831.

Les Trois Maîtresses, ou une Cour d'Allemagne. Vaudeville in zwei Akten. Bayard. Théâtre du Gymnase, 24. Januar 1831.

Le Budget d'un Jeune Ménage. Vaudeville in einem Akt. Bayard. Théâtre du Gymnase, 4. März 1831.

Le Quaker et la Danseuse. Vaudeville in einem Akt. Théâtre du Gymnase, 28. März 1831.

Potemkin, ou un Caprice Impérial. Anekdote vom russischen Hofe. Revue de Paris, April 1831.

La Favorite. Vaudeville in einem Akt. Théâtre du Gymnase, 16. Mai 1831.

Le Philtre. Oper in zwei Akten. Auber. Théâtre de l'Opéra, 20. Juni 1831.

Le Comte de Saint-Ronan, ou l'Ecole et le Château. Komödie in zwei Akten mit Vaudevilles. H. Dupin. Théâtre de Palais-Royal, 21. Juni 1831.

L'Orgie. Pantomime in drei Akten. Corallé. Carafa. Théâtre de l'Opéra, 18. Juli 1831.

La Marquise de Brinvilliers. Lyrisches Drama in drei Akten. Castil-Blaze. Musik von Auber, Batton, Berton, Blangini, Boïeldieu, Carafa, Cherubini, Hérold und Paer. Théâtre de l'Opéra-Comique, 31. Oktober 1831.

Le Suisse de l'Hôtel: Anecdote de 1816. Vaudeville in einem Akt. De Rougemont. Théâtre du Gymnase, 14. November 1831.

Robert le Diable. Oper in fünf Akten. G. Delavigne. Meyerbeer. Théâtre de l'Opéra, 21. November 1831.

Le Soprano. Vaudeville in einem Akt. Mélesville. Théâtre du Gymnase, 30. November 1831.

Le Luthier de Lisbonne. Zeitgenössische Anekdote in zwei Akten mit Vaudevilles gemischt. Bayard. Théâtre du Gymnase, 7. Dezember 1831.

1832 *La Vengeance Italienne, ou le Français à Florence.* Vaudeville in zwei Akten. Poirson und Desnoyers. Théâtre du Gymnase, 23. Januar 1832.

Le Chaperon. Vaudeville in einem Akt. Duport. Théâtre du Gymnase, 6. Februar 1832.

Le Savant. Vaudeville in zwei Akten. Monvel. Théâtre du Gymnase, 22. Februar 1832.

Schahabaham II, ou les Caprices d'un Autocrate. Vaudeville in einem Akt. Saintine. Théâtre du Gymnase, 2. März 1832.

Dix Ans de la Vie d'une Femme, ou les Mauvais Conseils. Drama in fünf Akten und neun Bildern. Terrier. Théâtre de la Porte Saint-Martin, 17. März 1832.

L'Apollon du Réverbère, ou les Conjectures de Carrefour. Volkstümliches Tableau in einem Akt. Mélesville und Saintine. Théâtre des Variétés, 21. März 1832.

Le Premier Président. Drama in drei Akten mit Vaudevilles. Théâtre du Gymnase, 21. August 1832.

Une Monomanie. Vaudeville in einem Akt. Duport. Théâtre du Gymnase, 31. August 1832.

Le Paysan Amoureaux. Vaudeville in zwei Akten. Bayard. Théâtre du Gymnase, 17. September 1832.

La Médecine sans Médecin. Komische Oper in einem Akt. Bayard. Hérold. Théâtre de l'Opéra-Comique, 17. Oktober 1832.

La Grande Aventure. Vaudeville in einem Akt. Varner. Théâtre du Gymnase, 2. November 1832.

Toujours, ou l'Avenir d'un Fils. Vaudeville in zwei Akten. Varner. Théâtre du Gymnase, 13. November 1832.

Camilla, ou la Soeur et le Frère. Vaudeville in einem Akt. Bayard. Théâtre du Gymnase, 12. Dezember 1832.

1833 *Le Voyage dans l'Appartement, ou l'Influence des Localités.* Vaudeville in fünf Bildern. Duport. Théâtre des Variétés, 18. Januar 1833.

Les Malheurs d'un Amant Hereux. Vaudeville in zwei Akten. Théâtre du Gymnase, 29. Januar 1833.

Gustave III, ou le Bal Masqué. Historische Oper in fünf Akten. Auber. Théâtre de l'Opéra, 27. Februar 1833.

Le Prix de la Vie. Episode aus den Memoiren eines britischen Gentlemans. Europe Littéraire, März 1833.

Le Gardien. Vaudeville in zwei Akten nach dem Roman Indiana. Bayard. Théâtre du Gymnase, 11. März 1833.

Le Moulin de Javelle. Vaudeville in zwei Akten. Théâtre du Gymnase, 8. Juli 1833.

La Prison d'Edimbourg. Komische Oper in drei Akten. De Planard. Carafa. Théâtre de l'Opéra-Comique, 20. Juli 1833.

Ali-Baba, ou les Quarante Voleurs. Oper in vier Akten mit einem Prolog. Mélesville. Cherubini. Théâtre de l'Opéra, 22. Juli 1833.

Jean de Vert. Märchenstück in fünf Bildern mit Vaudevilles. Mélesville und Carmouche. Théâtre du Vaudeville, 19. August 1833.
Un Trait de Paul I, ou le Czar et la Vivandière. Anekdotischer Vaudeville in einem Akt. Duport. Théâtre du Gymnase, 12. September 1833.
La Dugazon, ou le Choix d'une Maîtresse. Vaudeville in einem Akt. Duport. Théâtre du Gymnase, 30. Oktober 1833.
Bertrand et Raton, ou l'Art de conspirer. Komödie in fünf Akten. Théâtre Français, 14. November 1833.
Le Lorgnon. Vaudeville in einem Akt. Théâtre du Gymnase, 21. Dezember 1833.
La Chanoinesse. Vaudeville in einem Akt. Francis-Cornu. Théâtre du Gymnase, 31. Dezember 1833.

1834 *La Passion Secrète*. Komödie in drei Akten. Théâtre Français, 13. März 1834.
Salvoisy, ou l'Amoureux de la Reine. Vaudeville in zwei Akten. De Rougemeont und de Camberousse. Théâtre du Gymnase, 18. April 1834.
L'Estoq, ou l'Intrige et l'Amour. Komische Oper in vier Akten. Auber. Théâtre de l'Opéra-Comique, 24. Mai 1834.
La Frontière de Savoie. Vaudeville in einem Akt. Bayard. Théâtre du Gymnase, 20. August 1834.
Le Fils du Prince. Komische Oper in zwei Akten. De Feltre. Théâtre de l'Opéra-Comique, 28. August 1834.
Le Châlet. Komische Oper in einem Akt. Mélesville. Adam. Théâtre de l'Opéra-Comique, 25. September 1834.
Estelle, ou le Père et la Fille. Vaudeville in einem Akt. Théâtre du Gymnase, 7. November 1834.
L'Ambitieux. Komödie in fünf Akten. Théâtre Français, 27. November 1834.

1835 *La Juive*. Oper in fünf Akten. Halévy. Théâtre de l'Opéra, 23. Februar 1835.
Etre aîmé, ou Mourir. Vaudeville in einem Akt. Théâtre du Gymnase, 10. März 1835.
Le Cheval de Bronze. Märchenoper in drei Akten. Auber. Théâtre de l'Opéra-Comique, 23. März 1835.

Une Chaumière et son Coeur. Vaudeville in zwei Akten und drei Teilen. Théâtre du Gymnase, 12. Mai 1835.
Le Portefaix. Komische Oper in drei Akten. Gomis. Théâtre de l'Opéra-Comique, 16. Juni 1835.
La Pensionnaire Mariée. Vaudeville in einem Akt. Varner. Théâtre du Gymnase, 3. November 1835.

1836 *Valentine.* Drama in zwei Akten mit Couplets. Mélesville. Théâtre du Gymnase, 4. Januar 1836.
Actéon. Komische Oper in einem Akt. Théâtre de l'Opéra-Comique, 23. Februar 1836.
Les Huguenots. Oper in fünf Akten. Meyerbeer. Théâtre de l'Opéra, 29. Februar 1836.
Chut! Vaudeville in zwei Akten. Théâtre du Gymnase, 26. März 1836.
Les Chaperons Blancs. Komische Oper in drei Akten. Auber. Théâtre de l'Opéra-Comique, 9. April 1836.
Le Mauvais Œil. Komische Oper in einem Akt. G. Lemoine. Mlle. Puget. Théâtre de l'Opéra-Comique, 1. Oktober 1836.
Sir Hughes de Guilfort. Vaudeville in zwei Akten. Bayard. Théâtre du Gymnase, 3. Oktober 1836.
Avis aux Coquettes, ou l'Amant Singulier. Vaudeville in zwei Akten. De Camberousse. Théâtre du Gymnase, 29. Oktober 1836.
Le Fils d'un Agent de Change. Vaudeville in einem Akt. H. Dupin. Théâtre des Variétés, 30. November 1836.
L'Ambassadrice. Komische Oper in drei Akten. Saint-Georges. Théâtre de l'Opéra-Comique, 21. Dezember 1836.

1837 *Les Dames Patronnesses, ou à Quelque-chose Malheur est Bon.* Sprichwort in einem Akt mit Couplets. Arvers. Théâtre du Gymnase, 15. Februar 1837.
Judith, ou la Loge d'Opéra. Zeitgenössische kleine Historie. La Presse, Februar und März 1837.
César, ou le Chien du Château. Vaudeville in zwei Akten. Varner. Théâtre du Gymnase, 4. März 1837.
L'Etudiant et la Grande Dame. Vaudeville in zwei Akten. Mélesville. Théâtre des Variétés, 30. März 1837.
Le Bout de l'An, ou les Deux Cérémonies. Vaudeville in einem Akt. Varner. Théâtre du Port-Royal, 2. Juni 1837.

La Camaraderie, ou la Courte Echelle. Komödie in fünf Akten. Théâtre Français, 19. Juni 1837.
Le Roi de Carreau. Novelle. Revue de Paris, Juli 1837.
Les Indépendents. Komödie in drei Akten. Théâtre Français, 20. November 1837.
Le Domino Noir. Komische Oper in drei Akten. Théâtre de l'Opéra-Comique, 2. Dezember 1837.

1838 *Le Fidèle Berger.* Komische Oper in drei Akten. Saint-Georges. Adam. Théâtre de l'Opéra-Comique, 11. Januar 1838.
Guido et Ginevra, ou la Peste de Florence. Oper in fünf Akten. Halévy. Théâtre de l'Opéra, 5. März 1838.
Clermont, ou une Femme d'Artiste. Vaudeville in zwei Akten. Vander-Burch. Théâtre du Gymnase, 30. März 1838.
La Volière, ou les Oiseaux du Bocage. Pantomimisches Ballett in einem Akt. Mlle. Thérèse Essler. Gide. Théâtre de l'Opéra, 5. Mai 1838.
Marguerite. Komische Oper in drei Akten. De Planard. Boïledieu. Théâtre de l'Opéra-Comique, 18. Juni 1838.
La Maîtresse Anonyme. Novelle. Le Constitutionnel, Juni-Juli 1838.
La Figurante, ou l'Amour et la Dame. Komische Oper in drei Akten. Dupin. Clapisson. Théâtre de l'Opéra-Comique, 24. August 1838.

1839 *Régine, ou Deux Nuits.* Komische Oper in zwei Akten. Adam. Théâtre de l'Opéra-Comique, 17. Januar 1839.
La Tarentule. Pantomime in zwei Akten. Corallé. Gide. Théâtre de l'Opéra, 24. Januar 1839.
Le Lac des Fées. Oper in fünf Akten. Mélesville. Auber. Théâtre de l'Opéra, 1. April 1839.
Les Treize. Komische Oper in drei Akten. Duport. Halévy. Théâtre de l'Opéra-Comique, 15. April 1839.
Polichinelle. Komische Oper in einem Akt. Duveyrier. Montfort. Théâtre de l'Opéra-Comique, 14. Juni 1839.
Carlo Broschi. Historische Novelle. Journal des Débats, August-September 1839.
Le Shérif. Komische Oper in drei Akten. Halévy. Théâtre de l'Opéra-Comique, 2. September 1839.

La Reine d'un Jour. Komische Oper in drei Akten. Saint-Georges. Adam. Théâtre de l'Opéra-Comique, 19. September 1839.

La Xacarilla. Oper in einem Akt. Marliani. Théâtre de l'Opéra, 28. Oktober 1839.

1840 *Le Drapier.* Oper in drei Akten. Halévy. Théâtre de l'Opéra, 6. Januar 1840.

La Calomnie. Komödie in fünf Akten. Théâtre Français, 20. Februar 1840.

La Grand'mère, ou les Trois Amours. Komödie in drei Akten. Théâtre du Gymnase, 14. März 1840.

Les Martyres. Oper in vier Akten. Donizetti. Théâtre de l'Opéra, 10. April 1840.

Zanetta, ou Jouer avec le Feu. Komische Oper in drei Akten. Saint-Georges. Auber. Théâtre de l'Opéra-Comique, 18. Mai 1840.

L'Opéra à la Cour. Komische Oper in vier Teilen. Saint-Georges. Grisars und Boïeldieu. Théâtre de l'Opéra-Comique, 16. Juli 1840.

Japhet, ou la Recherche d'un Père. Komödie in zwei Akten. Vanderburch. Théâtre Français, 20. Juli 1840.

Le Verre d'Eau, ou les Effets et les Causes. Komödie in fünf Akten. Théâtre Français, 17. November 1840.

La Favorite. Oper in vier Akten. Royer und Vaëz. Donizetti. Théâtre de l'Opéra, 2. Dezember 1840.

Cicily, ou le Lion Amoureux. Vaudeville in zwei Akten. Théâtre du Gymnase, 8. Dezember 1840.

1841 *Le Guitarrero.* Komische Oper in drei Akten. Halévy. Théâtre de l'Opéra-Comique, 21. Januar 1841.

Le Veau d'Or. Komödie in einem Akt mit Couplets. H. Dupin. Théâtre du Gymnase, 26. Februar 1841.

Les Diamants de la Couronne. Komische Oper in drei Akten. Saint-Georges. Auber. Théâtre de l'Opéra-Comique, 6. März 1841.

Carmagnola. Oper in zwei Akten. Ambroise Thomas. Théâtre de l'Opéra, 19. April 1841.

La Main de Fer, ou un Mariage Secret. Komische Oper in drei

Akten. De Leuven. Adam. Théâtre de l'Opéra-Comique, 26. Oktober 1841.

Une Chaîne. Komödie in fünf Akten. Théâtre Français, 29. November 1841.

1842 *Le Diable à l'Ecole.* Legende in einem Akt. Boulanger. Théâtre de l'Opéra-Comique, 17. Januar 1842.

Le Duc d'Olonne. Komische Oper in drei Akten. Saintine. Auber. Théâtre de l'Opéra-Comique, 4. Februar 1842.

Oscar, ou le Mari qui trompe sa Femme. Komödie in drei Akten. Duveyrier. Théâtre Français, 21. April 1842.

Le Codex Noir. Komische Oper in drei Akten. Clapisson. Théâtre de l'Opéra-Comique, 9. Juni 1842.

Le Kiosque. Komische Oper in einem Akt. Duport. Mazos. Théâtre de l'Opéra-Comique, 2. November 1842.

Le Fils de Cromwell, ou une Restauration. Komödie in fünf Akten. Théâtre Français, 20. November 1842.

1843 *Le Puits d'Amour.* Komische Oper in drei Akten. De Leuven. Balfe. Théâtre de l'Opéra-Comique, 20. April 1843.

La Part du Diable. Komische Oper in drei Akten. Auber. Théâtre de l'Opéra-Comique, 16. Juni 1843.

Lambert Simnel. Komische Oper in drei Akten. Mélesville. Monpon. Théâtre de l'Opéra-Comique, 14. September 1843.

Dom Sébastien, roi de Portugal. Oper in fünf Akten. Donizetti. Théâtre de l'Opéra, 13. November 1843.

La Tutrice, ou l'Emploi des Richesses. Komödie in drei Akten. Duport. Théâtre Français, 29. November 1843.

1844 *Cagliostro.* Komische Oper in drei Akten. Saint-Georges. Adam. Théâtre de l'Opéra-Comique, 10. Februar 1844.

Oreste et Pylade. Komische Oper in einem Akt. Dupin. Thys. Théâtre de l'Opéra-Comique, 28. Februar 1844.

La Sirène. Komische Oper in drei Akten. Auber. Théâtre de l'Opéra-Comique, 26. März 1844.

Les Surprises. Vaudeville in einem Akt. Roger. Théâtre du Gymnase, 31. Juli 1844.

Babiole et Joblot. Vaudeville in zwei Akten. Saintine. Théâtre du Gymnase, 1. Oktober 1844.

Rebecca. Vaudeville in zwei Akten. Théâtre du Gymnase, 2. Dezember 1844.

Maurice. Zeitgenössische kleine Historie. Le Siècle, Dezember 1844-Januar 1845.

1845 *L'Image.* Vaudeville in einem Akt. Sauvage. Théâtre du Gymnase, 17. April 1845.

La Barcarolle, ou l'Amour et la Musique. Komische Oper in drei Akten. Auber. Théâtre de l'Opéra-Comique, 22. April 1845.

Jeanne et Jeanneton. Vaudeville in zwei Akten. Varner. Théâtre du Gymnase, 29. April 1845.

Le Ménétrier. Komische Oper in drei Akten. Labarre. Théâtre de l'Opéra-Comique, 9. August 1845.

La Charbonnière. Komische Oper in drei Akten. Mélesville. Montfort. Théâtre de l'Opéra-Comique, 13. Oktober 1845.

La Loi Salique. Vaudeville in zwei Akten. Théâtre du Gymnase, 30. Dezember 1845.

1846 *Genieviève, ou la Jalousie Paternelle.* Vaudeville in einem Akt. Théâtre du Gymnase, 30. März 1846.

Piquillo Alliaga, ou les Maures sous Philippe III. Roman. Le Siècle, März-September 1846.

La Protégée sans le savoir. Vaudeville in einem Akt. Théâtre du Gymnase, 5. Dezember 1846.

1847 *Maître Jean, ou la Comédie à la Cour.* Vaudeville in zwei Akten. H. Dupin. Théâtre du Gymnase, 14. Januar 1847.

Ne touchez pas à la Reine. Komische Oper in drei Akten. Vaëz. Boisselot. Théâtre de l'Opéra-Comique, 16. Januar 1847.

Irène, ou le Magnétisme. Vaudeville in zwei Akten. Lockroy. Théâtre du Gymnase, 2. Februar 1847.

Le Sultan Saladin. Komische Oper in einem Akt. Dupin. Borèse. Théâtre de l'Opéra-Comique, 8. Februar 1847.

D'Aranda, ou les Grandes Passions. Vaudeville in zwei Akten. Théâtre du Gymnase, 6. April 1847.

Une Femme qui se jette par la Fenêtre. Vaudeville in einem Akt. Lemoine. Théâtre du Gymnase, 19. April 1847.

La Déesse. Vaudeville in drei Akten. Saintine. Théâtre du Gymnase, 30. Oktober 1847.

Haÿdée, ou le Secret. Komische Oper in drei Akten. Auber. Théâtre de l'Opéra-Comique, 28. Dezember 1847.
1848 *Le Puff, ou Mensonge et Vérité.* Komödie in fünf Akten. Théâtre Français, 22. Januar 1848.
La Nuit de Noël, ou l'Anniversaire. Komische Oper in drei Akten. Reber. Théâtre de l'Opéra-Comique, 9. Februar 1848.
Jeanne la Folle. Oper in fünf Akten. Clapisson. Théâtre de l'Opéra, 6. November 1848.
O Amitié! ou les Trois Epoques. Vaudeville in drei Akten. Théâtre du Gymnase, 14. November 1848.
1849 *Les Filles du Docteur, ou le Dévouement.* Vaudeville in zwei Akten. Masson. Théâtre du Gymnase, 10. Februar 1849.
Adrienne Lecouvreur. Komödiendrama in fünf Akten. Legouvé. Théâtre Français, 14. April 1849.
Le Prophète. Oper in fünf Akten. Meyerbeer. Théâtre de l'Opéra, 16. April 1849.
La Fée aux Roses. Komische Märchenoper in drei Akten. Saint-Georges. Halévy. Théâtre de l'Opéra-Comique, 1. Oktober 1849.
1850 *Héloïse et Abélard, ou à Quelque-chose Malheur est Bon.* Vaudeville in zwei Akten. Masson. Théâtre du Gymnase, 22. April 1850.
Giralda, ou la Nouvelle Psyché. Komische Oper in drei Akten. Adam. Théâtre de l'Opéra-Comique, 20. Juli 1850.
Les Contes de la Reine de Navarre, ou la Revanche de Pavie. Komödie in fünf Akten. Legouvé. Théâtre Français, 15. Oktober 1850.
La Chanteuse Violée. Komische Oper in einem Akt. De Leuven. Victor Massé. Théâtre de l'Opéra-Comique, 26. November 1850.
L'Enfant Prodigue. Oper in fünf Akten. Auber. Théâtre de l'Opéra, 6. Dezember 1850.
La Dame in Pique. Komische Oper in drei Akten. Halévy. Théâtre de l'Opéra-Comique, 28. Dezember 1850.
1851 *La Tempête.* Oper in drei Akten und einem Prolog. Halévy. London, Queen's Theater, 8. Juni 1850. Paris, Théâtre-Italien, 25. Februar 1851.
Bataille de Dames, ou un Duel en Amour. Komödie in drei Akten. Legouvé. Théâtre Français, 17. März 1851.
Les Malheurs Heureux. Sprichwort in drei Teilen. Le Constitutionnel, April 1851.

Zerline, ou la Corbeille d'Oranges. Oper in drei Akten. Auber. Théâtre de l'Opéra, 16. Mai 1851.
Florinde, ou les Maures en Espagne. Oper in vier Akten. Debillemont. London, Queen's Theater, 3. Juli 1851.
Mosquita la Sorcière. Komische Oper in drei Akten. Vaëz. Boisselot. Théâtre de l'Opéra-National, 27. September 1851.

1852 *Madame Schlick.* Vaudeville in einem Akt. Varner. Théâtre du Gymnase, 9. Februar 1852.
Le Juif Errant. Oper in fünf Akten. Saint-Georges. Halévy. Théâtre de l'Opéra, 23. April 1852.
Les Mystères d'Udolphe. Komische Oper in drei Akten. G. Delavigne. Clapisson. Théâtre de l'Opéra-Comique, 4. November 1852.
Marco Spada. Komische Oper in drei Akten. Théâtre de l'Opéra-Comique, 21. Dezember 1852.

1853 *La Lettre au Bon Dieu.* Komische Oper in zwei Akten. De Courcy. Duprez. Théâtre de l'Opéra-Comique, 28. April 1853.
Le Nabab. Komische Oper in drei Akten. Saint-Georges. Halévy. Théâtre de l'Opéra-Comique, 1. September 1853.

1854 *Mon Etoile.* Komödie in einem Akt. Théâtre Français, 6. Februar 1854.
L'Etoile du Nord. Komische Oper in drei Akten. Meyerbeer. Théâtre de l'Opéra-Comique, 16. Februar 1854.
La Fiancée du Diable. Komische Oper in drei Akten. Romand. Victor Massé. Théâtre de l'Opéra-Comique, 5. Juni 1854.
La Nonne Sanglante. Oper in fünf Akten. G. Delavigne. Gounod. Théâtre de l'Opéra, 18. Oktober 1854.

1855 *La Czarine.* Drama in fünf Akten. Théâtre Français, 15. Januar 1855.
Jenny Bell. Komische Oper in drei Akten. Auber. Théâtre de l'Opéra-Comique, 2. Juni 1855.
Les Vêpres Siciliennes. Oper in fünf Akten. Duveyrier. Verdi. Théâtre de l'Opéra, 13. Juni 1855.
Le Filleul d'Amadis, ou les Amours d'une Fée. Ritterroman. Le Constitutionnel, November-Dezember 1855.

1856 *Manon Lescaut.* Komische Oper in drei Akten. Théâtre de l'Opéra-Comique, 23. Februar 1856.

1857 *La Jeune Allemagne, ou les Yeux de ma Tante.* Roman. Le Constitutionnel, Januar-März 1857.
Marco Spada, ou la Fille du Bandit. Pantomimisches Ballett in drei Akten. Mazillier. Auber. Théâtre de l'Opéra, 1. April 1857.
Le Cheval de Bronze. Ballett-Oper in vier Akten. Auber. Théâtre de l'Opéra, 21. September 1857.

1858 *Feu Lionel, ou Qui vivra verra.* Komödie in drei Akten. Potron. Théâtre Français, 23. Januar 1858.
Les Doigts de Fée. Komödie in fünf Akten. Legouvé. Théâtre Français, 29. März 1858.
La Chatte Métamorphosée en Femme. Komische Oper in einem Akt. Mélesville. Offenbach. Théâtre des Bouffes-Parisiens, 19. April 1858.
Broskovano. Komische Oper in zwei Akten. Boisseaux. Deffès. Théâtre Lyrique, 29. September 1858.
Les Trois Maupins, ou la Veille de la Régence. Komödie in fünf Akten. Boisseaux. Théâtre du Gymnase, 23. Oktober 1858.
Les Trois Nicolas. Komische Oper in drei Akten. Lopez und De Leuven. Clapisson. Théâtre de l'Opéra-Comique, 16. Dezember 1858.

1859 *Rêves d'Amour.* Komödie in drei Akten. De Biéville. Théâtre Français, 1. März 1859.
Yvonne. Komische Oper in drei Akten. Limmander. Théâtre de *Noélie.* Novelle. Le Constitutionnel, März-April 1859.
Les Petits Violins du Roi. Komische Oper in drei Akten. Boisseaux. Deffès. Théâtre Lyrique, 20. September 1859.
La Fille de Trente Ans. Komödie in vier Akten. Emile de Najac. Théâtre du Vaudeville, 15. Dezember 1859.

1860 *Le Nouveau Pourceaugnac.* Komische Oper in einem Akt. Delestre-Poirson, Hignard. Théâtre des Bouffes-Parisiens, 14. Januar 1860.
Fleurette. Geschichte eines Blumenmädchens. Roman. Le Constitutionnel, Oktober-Dezember 1860.
Barkoaf. Komische Oper in drei Akten. Boisseaux. Offenbach. Théâtre de l'Opéra-Comique, 24. Dezember 1860.

1861 *La Circassienne.* Komische Oper in drei Akten. Auber. Théâtre de l'Opéra-Comique, 2. Februar 1861.

Madame Grégoire. Komische Oper in drei Akten. Boisseaux. Clapisson. Théâtre Lyrique, 8. Februar 1861.
La Beauté du Diable. Komische Oper in einem Akt. De Najac. Alary. Opéra-Comique, 28. Mai 1861.
La Frileuse. Komödie in drei Akten. Théâtre du Vaudeville, 6. September 1861.

1864 *La Fiancée du Roi de Garbe.* Komische Oper in drei Akten und sechs Bildern. Saint-Georges. Auber. Théâtre de l'Opéra-Comique, 11. Januar 1864.

1865 *L'Africaine.* Oper in fünf Akten. Meyerbeer. Théâtre de l'Opéra, 28. April 1865.

1870 *L'Ours et le Pacha.* Komische Oper in einem Akt. Saintine. Bazin. Théâtre de l'Opéra-Comique, 21. Februar 1870.

LITERATURHINWEISE

Arvin, Neil Cole: Eugène Scribe and the French Theatre, 1815–1860, Cambridge 1924

Bonnefon, Paul: Scribe sous l'Empire et sous la Restauration d'après des documents inédits, in: Revue d'histoire littéraire de la France (1920)

Bonnefon, Paul: Scribe sous la Monarchie de Juillet d'après des documents inédits, in: Revue d'histoire littéraire de la France (1921)

Cardwell, Douglas: The well-made play of Eugène Scribe, in: The French Review (1983)

Doumic, René: De Scribe à Ibsen. Causerie sur le théâtre contemporain, Paris 1910

Epagny, Jean: Molière et Scribe, Paris 1865

Gérard, Henri: Le centenaire de M. Scribe, in: Revue blanche (1891)

Gillespie, Patricia: The well-made plays of Eugène Scribe, Indiana 1970

Kaufmann, Michael: Zur Technik der Komödien von Eugène Scribe, Hamburg 1911

Koon, Helene und Switzer, Richard: Eugène Scribe, Boston 1980

Kretzer, Erich: Eugène Scribes Einfluß auf Heinrich Laubes Dramatik, Göttingen 1922

Legouvé, Ernest: Eugène Scribe, Paris 1874

Mirecourt, Eugène: Scribe, Paris 1854

Moulin, Victor: Scribe et son théâtre, Paris 1862

Rolland, Joachim: Les comédies historiques et politiques d'Eugène Scribe, Paris 1923

Ruprecht, Hans-George: Theaterpublikum und Textauffassung. Eine textsoziologische Studie zur Aufnahme und Wirkung von Eugène Scribes Theaterstücken im deutschen Sprachraum, Bern 1976

Scherle, Arthur: Eugène Scribe und die Oper des 19. Jahrhunderts, in: Maske und Kothurn (1957)

Steinmetz, Anne: Scribe, Sardou, Feydeau, Bern 1984

Zu dieser Ausgabe

insel taschenbuch 1396
Eugène Scribe, Die erste Liebe

Titel der französischen Originalausgabe: Les premières amours, ou Les souvenirs d'enfance. Comédie-vaudeville en un acte. Erstaufführung: Théâtre du Gymnase dramatique, Paris, am 12. November 1825. Reinhard Palm hat das Stück für die vorliegende Ausgabe übersetzt. Die Übersetzung folgt der ersten Buchausgabe: Eugène Scribe, Les premières amours ou Les souvenirs d'enfance. Pollet, Paris 1825. Das Nachwort und die Chronologie hat Reinhard Palm gleichfalls für die vorliegende Ausgabe verfaßt. Die Rechte der Bühnenaufführung werden durch den Suhrkamp Theaterverlag Frankfurt am Main vertreten.

Der Essay von Sören Kierkegaard folgt der Ausgabe: Sören Kierkegaard, Entweder-Oder, hrsg. v. Hermann Diem und Walter Rest, übers. v. Heinrich Fauteck. Deutscher Taschenbuch Verlag, München 1975. Der Abdruck erfolgt mit freundlicher Genehmigung des Deutschen Taschenbuch Verlags, München.

Zu den Abbildungen: Bibliothèque Nationale, Paris: S. 133, 135, 136, 140, 143, 154, 158. Österreichische Nationalbibliothek, Wien: S. 149, 150, 157. Eugène Scribe, Théâtre complet. Seconde Édition ornée d'une vignette pour chaque pièce. Tome cinquième. Aimé André, Libraire-Éditeur, Paris 1884: Frontispiz, S. 144. Umschlagabbildung: J. Béraud, La Soirée. Ausschnitt. Musée Carnavalet, Paris.

Französische Literatur
im insel taschenbuch

Honoré de Balzac: Das Chagrinleder. Aus dem Französischen von Hedwig Lachmann. Herausgegeben von Erika Wesemann. it 1278
– Eugénie Grandet. Aus dem Französischen von Gisela Etzel. Herausgegeben von Eberhard Wesemann. it 1127
– Die Frau von dreißig Jahren. Aus dem Französischen übertragen von Werner Blochwitz. it 460
– Glanz und Elend der Kurtisanen. Aus dem Französischen von Felix Paul Greve. it 1232
– Das Mädchen mit den Goldaugen. Aus dem Französischen von Ernst Hardt. Mit einem Vorwort von Hugo von Hofmannsthal. Zehn Illustrationen von Marcus Behmer. it 60
– Tolldreiste Geschichten. Aus dem Französischen von Benno Rüttenauer. Mit Illustrationen von Gustave Doré. it 911
– Über die Liebe. Sein Weltbild aus seinen Werken. Zusammengestellt und mit einem Essay herausgegeben von Stefan Zweig. it 715
– Vater Goriot. Aus dem Französischen von Franz Hessel. Herausgegeben von Erika Wesemann. it 1167
Charles Baudelaire: Die Blumen des Bösen. Übertragen von Carlo Schmid. it 120
Pierre Augustin Caron de Beaumarchais: Die Figaro-Trilogie. Der Barbier von Sevilla oder Die nutzlose Vorsicht. Der tolle Tag oder Figaros Hochzeit. Die Schuld der Mutter oder Ein zweiter Tartuffe. Deutsch von Gerda Scheffel. Nachwort von Norbert Miller. Mit zeitgenössischen Illustrationen. it 228
William Beckford: Vathek. Aus dem Französischen von Franz Blei. Mit einem Vorwort von Stéphane Mallarmé. it 1172
Hector Berlioz: Groteske Musikantengeschichten. Aus dem Französischen von Elly Ellès. it 859
George Clémenceau: Claude Monet. Betrachtungen und Erinnerungen eines Freundes. Mit farbigen Abbildungen und einem Nachwort von Gottfried Boehm. it 1152
Alphonse Daudet: Briefe aus meiner Mühle. Aus dem Französischen übertragen von Alice Seiffert. it 446
– Montagsgeschichten. Aus dem Französischen von Eva Meyer. it 1251
– Tartarin von Tarascon. Die wunderbaren Abenteuer des Tartarin von Tarascon. Mit 45 Zeichnungen von Emil Preetorius. it 84
Denis Diderot: Erzählungen und Gespräche. Übersetzt von Katharina Scheinfuß. it 554
– Jakob und sein Herr. In der Übersetzung von Mylius. Herausgegeben von Horst Günther. it 772

Französische Literatur
im insel taschenbuch

Denis Diderot: Die Nonne. Mit einem Nachwort von Robert Mauzi, die Übersetzung des Nachworts besorgte Margaret Carroux. it 31
– Rameaus Neffe. Le Neveu de Rameau. Ein Dialog. Zweisprachige Ausgabe. Übersetzt von Goethe. Mit Zeichnungen von Antoine Watteau. Herausgegeben und mit einem Nachwort versehen von Horst Günther. it 775

Alexandre Dumas: Die drei Musketiere. Aus dem Französischen von Herbert Bräuning. it 1131
– Der Graf von Monte Christo. 2 Bde. Bearbeitung einer alten Übersetzung von Meinhard Hasenbein. Mit Illustrationen von Pavel Brom und Dagmar Bromova. it 266
– Die Kameliendame. Aus dem Französischen von Walter Hoyer. Mit Illustrationen von Paul Gavarni. it 546

Marguerite Duras: Der Vize-Konsul. Roman. Deutsch von W. M. Guggenheimer. Großdruck. it 2312

Dominique Fernandez: Süditalienische Reise. Aus dem Französischen von Julia Kirchner. Mit farbigen Fotografien von Martin Thomas. it 1076

Gustave Flaubert: Bouvard und Pécuchet. Aus dem Französischen übersetzt von Georg Goyert. Mit Illustrationen von András Karakas. Mit einem Vorwort von Victor Brombert und einem Nachwort von Uwe Japp. it 373
– Drei Erzählungen. Trois contes. Übersetzt und herausgegeben von Cora van Kleffens und André Stoll. it 571
– Lehrjahre des Gefühls. Geschichte eines jungen Mannes. Übertragen von Paul Wiegler. Mit einem Essay und einer Bibliographie von Erich Köhler. it 276
– Madame Bovary. Revidierte Übersetzung aus dem Französischen von Arthur Schurig. it 167
– November. Aus dem Französischen übersetzt von Ernst Sander. Mit einem Nachwort von Monika Bosse. it 411
– Reise in den Orient. Ägypten. Nubien. Palästina. Syrien. Libanon. Aus dem Französischen von Reinhold Werner und André Stoll. Mit Photographien von Maxime Du Camp, einem Register und einem Nachwort. Herausgegeben von André Stoll. it 619

Gustave Flaubert: Salammbô. Herausgegeben und mit einem Nachwort versehen von Monika Bosse und André Stoll. Aus dem Französischen übersetzt von Georg Brustgi. it 342
– Ein schlichtes Herz und andere Erzählungen. Aus dem Französischen von Cora van Kleffens und André Stoll. Großdruck. it 2314

Französische Literatur
im insel taschenbuch

Anatole France: Blaubarts sieben Frauen und andere Erzählungen. Mit Illustrationen von Lutz Siebert. Aus dem Französischen von Irmgard Nickel. it 510

Die geheimen Papiere der Gräfin Dubarry. Mit einem Nachwort von Franz Blei. it 1262

Edmond und Jules de Goncourt: Germinie Lacerteux. Aus dem Französischen von Curt Noch. it 1054

– Tagebücher. Aufzeichnungen aus den Jahren 1851–1870. Nach der ersten Gesamtausgabe der Académie Goncourt ausgewählt, übertragen und herausgegeben von Justus Franz Wittkop. it 692

Victor Hugo: Notre-Dame von Paris. Aus dem Französischen von Else von Schorn. Mit zeitgenössischen Illustrationen. it 298

Choderlos de Laclos: Schlimme Liebschaften. Mit 14 Kupferstichen. Übertragen und eingeleitet von Heinrich Mann. it 12

Madame de Lafayette: Die Prinzessin von Clèves. Roman. Aus dem Französischen von Julia Kirchner. Mit einem Nachwort von Emile Magne. it 768

Briefe der Ninon de Lenclos. Aus dem Französischen von Lothar Schmidt. Mit zehn Radierungen von Karl Walser. it 1173

Alain René Le Sage: Die Geschichte des Gil Blas von Santillana. Aus dem Französischen von Konrad Thorer. Mit Illustrationen von Daniel Chodowiecki. it 949

Pierre Carlet de Marivaux: Die Abenteuer des jungen Brideron. Eine Parodie. Übersetzt und herausgegeben von Gerda Scheffel. it 1035

– Betrachtende Prosa. Aus dem Französischen übertragen und mit einem Nachwort herausgegeben von Gerda Scheffel. it 1049

– Das Spiel von Liebe und Zufall. Und andere Komödien. Aus dem Französischen und mit einem Nachwort von Gerda Scheffel. it 805

Guy de Maupassant: Bel-Ami. Aus dem Französischen von Josef Halperin. Mit zeitgenössischen Illustrationen. it 280

– Die Brüder. Novelle. Deutsch von Ernst Weiß. Mit Illustrationen von Géo Dupuis. it 712

– Das Haus Tellier. Und andere Erzählungen. Ausgewählt und mit einem Nachwort versehen von Werner Berthel. Mit zeitgenössischen Illustrationen. Aus dem Französischen übersetzt von Helmut Bartuschek und Karl Friese. it 248

– Pariser Abenteuer. Und andere Erzählungen. Ausgewählt von Werner Berthel. Mit zeitgenössischen Illustrationen. Aus dem Französischen von Helmut Bartuschek und Karl Friese. it 106